DRC

中国发展报告

2023

国务院发展研究中心

中国发展出版社
CHINA DEVELOPMENT PRESS

图书在版编目（CIP）数据

中国发展报告 . 2023 / 国务院发展研究中心著 . —
北京：中国发展出版社，2023.11

ISBN 978-7-5177-1392-0

Ⅰ . ①中… Ⅱ . ①国… Ⅲ . ①中国经济 – 经济发展 –
研究报告 –2023 Ⅳ . ①F124

中国国家版本馆 CIP 数据核字（2023）第 190095 号

书　　　名：中国发展报告 2023
著作责任者：国务院发展研究中心
责 任 编 辑：雒仁生　吴　思　郭心蕊
出 版 发 行：中国发展出版社
联 系 地 址：北京经济技术开发区荣华中路 22 号亦城财富中心 1 号楼 8 层（100176）
标 准 书 号：ISBN 978-7-5177-1392-0
经 销 者：各地新华书店
印 刷 者：北京华联印刷有限公司
开　　　本：787mm×1092mm　1/16
印　　　张：17.25
字　　　数：210 千字
版　　　次：2023 年 11 月第 1 版
印　　　次：2023 年 11 月第 1 次印刷
定　　　价：98.00 元

联 系 电 话：（010）68990625　68360970
购 书 热 线：（010）68990682　68990686
网 络 订 购：http://zgfzcbs.tmall.com
网 购 电 话：（010）88333349　68990639
本 社 网 址：http://www.develpress.com
电 子 邮 件：370118561@qq.com

前　言

　　新中国成立特别是改革开放以来，中国用几十年时间走完西方发达国家几百年走过的工业化历程，创造了经济快速发展和社会长期稳定的奇迹。党的十八大以来，以习近平同志为核心的党中央统筹中华民族伟大复兴战略全局和世界百年未有之大变局，积极有效应对世界之变、时代之变、历史之变，明确"五位一体"总体布局和"四个全面"战略布局，提出并贯彻新发展理念，着力推进高质量发展，加快构建新发展格局，深入实施供给侧结构性改革，制定一系列具有全局意义的区域重大战略，推动党和国家事业取得历史性成就、发生历史性变革，胜利实现第一个百年奋斗目标，全面建成了小康社会，历史性地解决了绝对贫困问题，正在向全面建成社会主义现代化强国的第二个百年奋斗目标迈进。

　　当今中国已接近高收入国家门槛，既面临难得的历史机遇，也面临严峻的风险挑战。全面推进中国式现代化，必须深入研究一系列重大理论和实践课题。记录中国式现代化进程，深入探究中国发展面临的重大课题，对中国和全球发展都具有重要意义。

　　国务院发展研究中心（以下简称"中心"）是直接服务于党中央、国务院的政策研究和决策咨询机构，长期研究经济社会发展和改革开放中的全局性、综合性、前瞻性、战略性问题。中心编辑出版年度《中国发展报告》，记录党领导人民推进中国式现代化的非凡历程，深入研究中国发展面临的深层次问题。经过反复讨论，我们构建了"1+5+N"的报告框架。"1"用以记录总体发展领域所形成的思想成果、制度成果和实践成果；"5"用以记录创新、协调、绿色、开放、共享五大发展理念引领下相关领域形成的主要成果；"N"用以发表中心关于中国发展重大问题的若干研究成果。

2022 年是党和国家历史上极为重要的一年。这一年召开了中国共产党第二十次全国代表大会，为全面建设社会主义现代化国家作出了系统部署。习近平总书记在二十大报告中明确提出，"从现在起，中国共产党的中心任务就是团结带领全国各族人民全面建成社会主义现代化强国、实现第二个百年奋斗目标，以中国式现代化全面推进中华民族伟大复兴。"

2022 年中国发展在上一年经济工作的基础上有了新的起点，但面临的外部环境复杂严峻、国内风险挑战增多。从外部看，世纪疫情反复冲击，乌克兰危机爆发，全球通胀压力持续加大，世界经济增长势头明显减弱，地缘政治对全球经济运行的影响越来越突出。从国内看，中国发展不平衡不充分问题依然突出，经济发展面临需求收缩、供给冲击、预期转弱"三重压力"，就业等民生问题较为突出，重点领域风险上升。面对风高浪急的国际环境和艰巨繁重的国内改革发展稳定任务，全党全国各族人民紧密团结在以习近平同志为核心的党中央周围，坚持以习近平新时代中国特色社会主义思想为指导，全面贯彻新发展理念，迎难而上，埋头苦干，全面落实疫情要防住、经济要稳住、发展要安全的要求，实现了经济平稳运行，保持了社会大局稳定，中国发展取得来之极为不易的新成就。2022 年，中国经济增长速度达到3.0%，在疫情严重冲击下，对世界经济增长的贡献率仍接近20%。在全球高通胀的背景下，中国保持了物价水平的基本稳定。

呈现给读者的这本《中国发展报告2023》记录了2022年中国经济社会发展的成果，同时收录了中心的三项重要研究成果。《以中国式现代化全面推进中华民族伟大复兴》在深刻领会习近平总书记关于中国式现代化系列论述精神的基础上，深入阐释了中国式现代化的鲜明特色及其所具有的各国现代化共同特征，深化拓展了对"中国式现代化是一种全新的人类文明形态"的认识。《中国经济发展具有重要基础和优势》通过全球比较分析，识别了中国在规模经济、总需求释放、要素禀赋动态升级、制造业系统性、科技创新能力、深度融入世界经济体系等方面的重要基础和优势，强调把握好、巩固好和发展好这些基础和优势，既是中国经济基本面长期向好的重要支撑，也是解决中国经济发展面临问题的重要条件。《中国人口高质量发展战略研究》针对中国人口发展新形势，深入分析人口变化的正面影响、负面影响和不确定的影响，提出要突出数量挖潜与素质提升结合、技术进步与制度创新结合、布局优化与资源环境持续改善结合，以全面推进人口高质量发展支撑中国式现代化。

作为中心首次推出的《中国发展报告》，尽管经过广泛征求专家意见和多轮研讨修改，仍难免有错误和不准确之处。真诚欢迎社会各界对本报告提出宝贵意见，以利于我们进一步提高报告质量，更好服务广大关心中国发展的国内外读者。

目　录

第一章 ｜ 总体发展 〉

2022 年是党和国家历史上极为重要的一年。这一年召开了中国共产党第二十次全国代表大会，为全面建设社会主义现代化国家、以中国式现代化全面推进中华民族伟大复兴作出了系统部署。面对风高浪急的国际环境和艰巨繁重的国内改革发展稳定任务，以习近平同志为核心的党中央团结带领全国各族人民迎难而上，全面落实疫情要防住、经济要稳住、发展要安全的要求，实现了经济平稳运行，保持了社会大局稳定，中国发展取得来之极为不易的新成就。2022 年将以其极其不易、极不寻常、极为重要的发展历程载入中华民族伟大复兴的光辉史册。

一、2022 年发展环境

2021 年，党中央领导全国各族人民，沉着应对百年变局和世纪疫情，构建新发展格局迈出新步伐，高质量发展取得新成效，实现了"十四五"良好开局，为 2022 年的经济工作奠定了新的基础。进入 2022 年，中国发展面临的国际环境更趋复杂严峻，世纪疫情反复冲击，乌克兰危机爆发，全球通胀压力持续加大，世界经济增长势头明显减弱，地缘政治对全球经济运行的影响越来越突出。从国内看，中国发展不平衡不充分问题依然突出，经济发展面临需求收缩、供给冲击、预期转弱"三重压力"，就业等民生问题较为突出，重点领域风险上升。内外部矛盾风险交织叠加，对 2022 年中国发展构成了严峻挑战。

（一）外部环境复杂严峻

1. 世纪疫情持续冲击

2020 年，突如其来的新冠疫情席卷全球，成为第二次世界大战结束以来最严重的全球突发公共卫生事件，对人类社会造成了难以估量的巨大冲击。2021 年底，国际国内一些人对世纪疫情结束抱有乐观预期，认为疫情将很快结束。然而 2022 年，世纪疫情并没有结束，而是又出现了奥密克戎变异株的流行。新出现的变异株传播力大幅增强，极大增加了疫情防控难度，冲击全球经济运行。据世界卫生组织统计，2022 年各国报告的新增感染者 4.4 亿人，超过之前两年的总和。不断反复的新冠疫情，影响了劳动力供给，制约了人员和物资的全球流动，损害了部分产业链供应链稳定性，既影响了中国外需的增长，也影响了中国产业链供应链安全。

2. 乌克兰危机爆发并产生全球性影响

2022 年 2 月乌克兰危机爆发，大大增加了全球经济发展的不确定性。美国等西方国家对俄罗斯实施极限制裁并持续加大力度，国际经贸治理体系规则和国际金融体系规则遭到破坏，全球供需循环受到严重干扰，国际粮食、能源价格被大幅推高（见图 1-1、图 1-2），全球通胀加剧，全球金融市场剧烈动荡，中国发展的外部环境更加严峻。

3. 美、欧等经济体为应对通胀压力持续收紧宏观经济政策

2022 年，在世纪疫情和乌克兰危机等多重因素叠加影响下，美国等发达经济体遭遇了 20 世纪 80 年代以来最为严重的通货膨胀。为

图1-1　部分农作物价格

资料来源：世界银行。

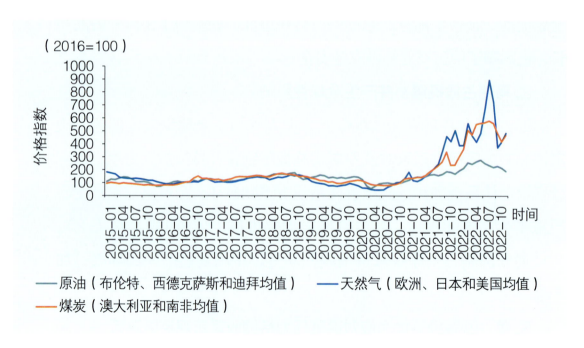

图1-2　主要能源价格指数

资料来源：世界银行。

应对通胀压力，主要发达经济体普遍收紧宏观经济政策。美联储全年先后 7 次加息，将联邦基金利率目标范围从年初的 0.00%~0.25% 上调至 4.25%~4.50%，累计加息 425 个基点，是过去 40 年中速度最快的加息。欧洲央行自 2011 年以来首次加息，全年 4 次加息，累计加息 250 个基点。受流动性大幅紧缩影响，全球股市、债市、汇市持续动荡，世界经济增长势头明显减弱。主要经济体大幅加息和由此加重的全球经济下行态势，通过资本外流、外需减弱等途径对中国经济发展构成不利影响。

4. 美国持续遏制中国发展

近年来，在中美力量对比发生重大变化、世界经济增长持续低迷等背景下，美国在科技、贸易、投资、金融等领域持续遏制中国发展。2022 年 10 月，美国发布《国家安全战略报告》和《国家防务战略报告》，将中国定位为"优先考虑的、唯一的全球头号竞争对手"。2022 年，美国继续对中国输美商品加征高额关税，频繁将中国实体列入各类限制清单，进一步扩大对华出口管制的范围和力度，从单一产品管控转向技术、设备、材料等多环节断供，公开威胁冻结中国的海外资产，限制美国公司对华关键领域投资，联合拉拢相关国家推动供应链替代，加快"去中国化"。

（二）国内风险挑战增多

1. 需求收缩明显

受国内疫情高发频发影响，餐饮、交通、娱乐、旅游等服务消费恢复受阻。受居民收入增速放慢影响，居民消费意愿减弱，一些大额消费、非必要消费推迟。2022 年，全国社会消费品零售总额 44.0 万亿元，同比下降 0.2%，增速较 2021 年下降 12.7 个百分点（见图 1-3）；居民人均消费支出 24538 元，同比下降 0.2%，增速比上年下降 12.8 个百分点。受产业链供应链不稳、生产经营成本上升、最终需求不足等影响，企业盈利水平持续下降，融资难度加大，投资能力减弱，投资扩产积极性有所下降。房地产投资方面，在开发资金受限、市场销售低迷等因素的影响下，部分高负债房地产企业投资大幅收缩。另外，部分地区财政收支压力加大，影响基础设施等领域的投资。2022 年，全国固定资产投资增速总体呈持续回落态势。全年固定资产投资总额（不含农户）为 57.2 万亿元，同比增长 5.1%。受全球经济增速下滑、部分跨国企业推动产业链国别替代等因素影响，

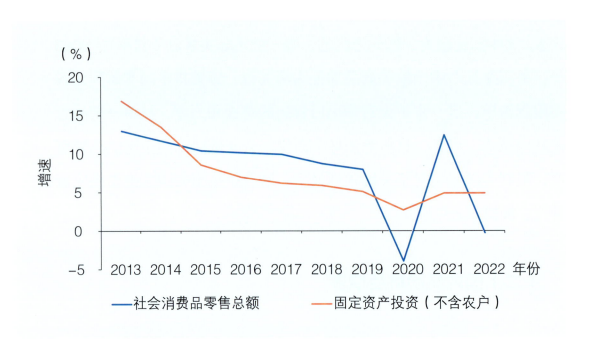

图 1-3　中国社会消费品零售总额和固定资产投资增速

资料来源：国家统计局。

2022 年中国货物出口 23.7 万亿元，增速较上年下降 8.7 个百分点。其中，对经济增长拉动较大的工业制成品出口增速下降更为明显，比上年下降 11.7 个百分点，比 2020 年、2021 年两年平均增速下降 5.7 个百分点。总体来看，2022 年，中国最终消费、资本形成总额、货物和服务净出口仅分别拉动国内生产总值增长 1.0 个、1.5 个和 0.5 个百分点，三者同时处在较低的水平上，这是多年未遇的情况（见图 1-4）。

2. 供给冲击严重

产业链供应链枢纽区域受到世纪疫情严重冲击。进入 2022 年，吉林、上海、深圳等地接连发生奥密克戎变异株疫情。为阻断病毒传播，相关地区实行了较为严格的疫情管控措施，居民出行受到限

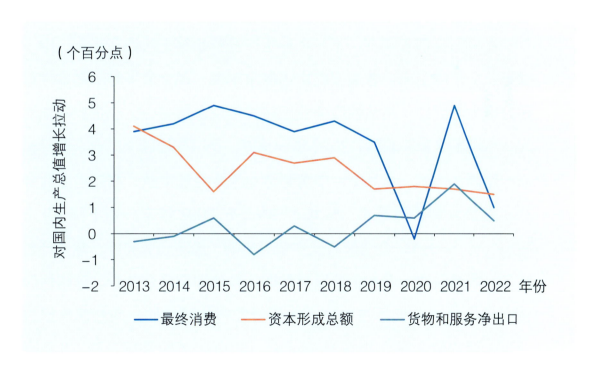

图 1-4　中国三大支出对国内生产总值增长拉动情况

资料来源：国家统计局。

制，部分企业停工停产。特别是发生在长三角地区的疫情，对全国产业链供应链稳定产生了较大冲击。长三角是中国汽车、集成电路、消费电子等重点产业链的枢纽区域，发生在这一地区的疫情曾使相关企业一度面临停工停产的局面。2022 年美国等一些西方国家进一步扩大对华出口管制的范围，使中国在部分基础原材料、关键设备、零部件等领域面临的"卡脖子"问题更加突出。受国际局势和极端天气频发的影响，能源保供稳价面临较大挑战。国际天然气资源供给较为紧张，进口气价明显高于国内价格。上半年能源价格大幅上涨，三季度保持在高位，四季度价格有所回落但仍高于上年水平。能源价格高位运行，对部分行业特别是中下游制造业造成较大成本压力，企业利润受到明显挤压。

3. 预期转弱

在世纪疫情影响下，不少企业生产经营始终无法恢复正常，中小微企业、个体工商户普遍面临市场需求不振、现金流不足、还本付息压力增大等问题，生活性服务业门店关停现象增多，工业企业亏损加大，市场主体预期偏弱。2022 年一季度，全国规模以上工业企业亏损面一度高达 30%。4 月份，中国制造业采购经理指数、非制造业商务活动指数分别下降至 47.4% 和 41.9%，较 2021 年末分别下降 2.9 个和 10.8 个百分点，企业信心受到明显影响。随着企业关停、裁员现象增多，居民对收入增长信心明显转弱，导致即期消费减少、预防性储蓄增多。2022 年四季度中国人民银行发布的城镇储户问卷调查报告显示，储户收入信心指数为 44.4%，比 2021 年四季度下降 5.6 个百分点；储户就业预期指数为 43.0%，比 2021 年四季度下降 6.3 个百分点。

4. 就业等民生问题压力加大

2022 年全国高校毕业生人数突破 1000 万人，创历史新高；青年劳动者就业形势严峻，7 月份全国 16~24 岁城镇青年劳动力调查失业率一度达到 19.9%，明显高于上年同期水平。企业关停放假、裁员减招等现象增多，低技能劳动者就业难度明显增加。在疫情影响下，教育、医疗、养老等民生领域的一些短板有所凸显，部分地方公共服务保障能力明显不足。

5. 重点领域风险上升

世纪疫情冲击下，部分行业企业债务违约压力加大，不良贷款风险上升。房地产业深度调整，部分高负债房地产企业"爆雷"，一些房地产项目停工引发业主集体停贷，行业风险向金融领域传导。一些地方土地出让收入下滑与防疫支出增加叠加，导致地方财政压力明显加大，地方政府债务风险上升。股市、债市、汇市出现外资短期快速流出现象，金融市场波动加大。

总体来看，2022 年中国面临的国际国内风险挑战明显增多，严重影响了年初制定的经济社会发展目标的实现。同时也要看到，中国经济社会发展的基本面没有改变，支撑高质量发展的基础条件还在不断改善，发展空间依然广阔，发展前景依然光明。

二、2022 年发展的战略部署

2022 年是国内外形势变化较为迅速的一年。面对不断变化的内外形势，党中央及时调整和优化既定部署，推出新的应对举措。一季度，世纪疫情再度肆虐，乌克兰危机爆发，中国经济发展环境的复杂性、严峻性、不确定性超出预期。针对这一新局面，4月29日中共中央政治局召开会议，提出"疫情要防住、经济要稳住、发展要安全"的明确要求，部署谋划增量政策工具，加大相机调控力度。5月份开始，党中央、国务院根据形势需要，推出新的稳经济一揽子政策措施。7月28日中共中央政治局召开会议部署下半年经济工作，提出要巩固经济回升向好趋势，保持经济运行在合理区间，力争实现最好结果。四季度，中国在优化疫情防控政策、支持房地产市场平稳健康发展等方面推出重大举措。尤其重要的是，10月份召开的党的二十大，不仅擘画了全面建设社会主义现代化强国的宏伟蓝图，而且作出了一系列具体部署，明确提出高质量发展是全面建设社会主义现代化强国的首要任务，必须完整、准确、全面贯彻新发展理念，坚持社会主义市场经济改革方向，坚持高水平对外开放，加快构建以国内大循环为主体、国内国际双循环相互促进的新发展格局。党中央、国务院的一系列决策部署，为实现全年经济平稳运行，为巩固经济长期向好局面，也为推进中国式现代化，提供了有力的战略保障和政策支持。

（一）统筹疫情防控和经济社会发展

自2020年中国进入疫情常态化防控阶段后，党中央就确立了"外防输入、内防反弹"总策略和"动态清零"总方针。之所以实施这一防疫策略，一是从坚持人民至上、生命至上出发，把保护人民生命安全和身体健康放在第一位；二是从中国国情出发，中国人口规模巨大，城市人口密度较高，人均医疗资源特别是重症救治资源与发达国家相比还有不小差距，如果在病毒致病力较强的情况下选择"躺平"，后果不堪设想。中国的疫情防控始终秉持科学精神，坚持科学防控，实施分区分级差异化精准防控，坚持高效统筹疫情防控和经济社会发展。2022 年，在党中央坚强领导下，中国打赢了"大上海保卫战"，迅速果断处置多起局部聚集性疫情，成功避免了致病力较强、致死率较高的病毒变异株的广泛流行。同时，对受疫情严重冲击的行业、中小微企业等实施一系列纾困帮扶政策，采取有效措施确保交通物流畅通，确保重点产业链供应链、抗疫保供企业、关键基础设施等正常运转。四季度，随着奥密克戎变异株致病力下降、疫苗接种率提升、医疗卫生系统应对能力增强，中国优化调整防控措施，围绕"保健康、防重症"出台进一步优化疫情防控"二十条"措施和"新十条"措施，加强老年人、孕产妇、儿童等重点人群健康服务和管理，2 亿多人得到诊治，近 80 万重症患者得到有效救治，为将新冠病毒感染调整为"乙类乙管"和在较短时间内实现疫情防控平稳转段、经济社会秩序恢复正常创造了条件。

（二）着力稳定宏观经济大盘

1. 精准有力实施宏观调控

中国进入高质量发展阶段，实现经济质的有效提升和量的合理增长，需要稳定的宏观经济环境。2022 年初，针对经济下行压力加大的挑战，《政府工作报告》提出，要着力稳定宏观经济大盘，提升积极的财政政策效能，加大稳健的货币政策实施力度。上半年，相关部门落实党中央、国务院要求，靠前实施既定部署，加大逆周期调节力度。

5月份，针对疫情反复、乌克兰危机爆发等超预期因素冲击，国务院出台实施稳经济33条一揽子政策，召开全国电视电话会议部署稳住经济大盘工作，加强部门和地方联动，最大限度形成稳经济合力。三季度，在扎实抓好稳经济一揽子政策落实基础上，国务院又部署实施了一批接续措施。财政政策方面，在全年一般公共预算收入低于年初预算3个百分点的情况下，保持了财政支出强度，财政赤字与预算持平。市场主体减负纾困力度明显加大，全年新增减税降费和退税缓税缓费超过4.2万亿元，其中增值税留抵退税超过2.4万亿元，延续实施了制造业中小微企业和个体工商户缓缴部分税费等支持政策。货币政策方面，全年两次下调存款准备金率，积极使用普惠小微贷款支持工具、碳减排支持工具、科技创新再贷款等结构性货币政策工具，年末广义货币供应量余额和社会融资规模存量分别增长11.8%和9.6%，新发放企业贷款平均利率降至有统计以来最低水平。

2. 积极扩大国内需求

总需求不足是近年来中国经济运行面临的突出问题。2022年，中国在消费领域出台进一步释放消费潜力、促进消费持续恢复的政策措施，延续实施免征新能源汽车购置税政策，开展家电下乡和以旧换新活动。针对线下消费受疫情制约的问题，积极拓展线上消费，完善城市物流配送网络，扩大农村电商覆盖面，发展消费新业态新模式。针对房地产销售疲软情况，调整差别化住房信贷政策，在个人房贷、房企融资、长租房发展等方面采取系列措施，支持刚性和改善性住房需求。在投资领域，重点围绕基础设施和制造业扩大有效投资，更好发挥政策性开发性金融工具作用，为重大项目建设补充资本金，通过专项再贷款与财政贴息配套支持重点领域设备更新改造，推进"十四五"规划提出的重大工程实施，加快建设新型基础设施。

（三）巩固壮大实体经济根基

实体经济是构筑国家发展战略优势的重要支撑，是在国际经济竞争中赢得主动的根基。新冠疫情全球大流行以来，那些实体经济基础稳固的国家，经济社会运行状况明显好于实体经济基础薄弱的国家。实体经济一直是中国发展的战略重点。党的二十大报告提出，要坚持把发展经济的着力点放在实体经济上，推进新型工业化，加快建设制造强国、质量强国、航天强国、交通强国、网络强国、数字中国。2022年，面对复杂严峻的国内外形势，中国坚持把发展经济的着力点放在实体经济上，巩固传统优势产业，积极开辟新领域、新赛道，培育竞争新优势，采取一系列措施，着力推进制造业基础再造，推动制造业高端化智能化绿色化发展，提升产业链供应链稳定性和产业体系自主性安全性水平。具体工作主要有：启动一批产业基础再造工程项目，创建一批产业基础共性技术中心；继续推动实施重大技术装备攻关工程，在大飞机、航空发动机、燃气轮机、电力能源装备、船舶与海工装备、工业母机、高端医疗装备和现代农机装备等领域实现突破；聚焦重点领域产业链供应链的关键堵点卡点，集中优质资源，组织推动核心基础零部件、基础元器件、基础材料等重要基础产品攻关突破，为维护产业链供应链安全稳定提供支撑。深入推进先进制造业和现代服务业融合发展，加快提升生产性服务业专业化服务能力。

（四）强化创新驱动发展

实现高水平科技自立自强，是中国推动高质量发展的必然要求，是构建新发展格局的重要支撑。党的二十大报告提出，要以国家战略需求为导向，集聚力量进行原创性引领性科技攻关，坚决打赢关键核心技术攻坚战。2022 年，面对美国等西方国家加大遏制、施压力度，中国坚持把创新摆在国家现代化建设全局的核心位置，采取多方面措施，加快实现高水平科技自立自强。2022 年 9 月，中央全面深化改革委员会第二十七次会议审议通过《关于健全社会主义市场经济条件下关键核心技术攻关新型举国体制的意见》，加快国家战略力量布局建设。2022 年 1 月正式实施新版《中华人民共和国科学技术进步法》，实现了国家科技治理体系的全面升级。为更好发挥市场在科技创新中的作用，加快建设高标准技术要素市场，统筹部署技术要素市场制度体系、技术要素交易网络、技术要素市场服务体系建设，着力提升技术要素市场化配置效率。为更好发挥政府在科技创新中的作用，进一步优化支持、引导、鼓励企业创新的政策措施，高新技术企业在 2022 年 10 月 1 日至 12 月 31 日期间新购置的设备、器具可当年一次性全额在计算应纳税所得额时扣除，并允许在税前实行 100% 加计扣除；科技型中小企业加计扣除比例从 75% 提高到 100%。

（五）持续深化改革开放

1. 推动全面深化改革在重点领域、关键环节取得突破

党的二十大报告提出，要构建高水平社会主义市场经济体制，构建全国统一大市场，深化要素市场化改革，建设高标准市场体系。2022 年，中国在发展面临多重困难的形势下依然坚持不懈深化改革，推动市场体系更加完善。2022 年 3 月 25 日，中共中央、国务院发布《关于加快建设全国统一大市场的意见》，明确要加快建设高效规范、公平竞争、充分开放的全国统一大市场，强化市场基础制度规则统一，推进市场设施高标准联通，打造统一的要素和资源市场，推进商品和服务市场高水平统一等。加紧实施国务院办公厅 2021 年 12 月印发的《要素市场化配置综合改革试点总体方案》，积极开展要素市场化配置综合改革试点，深化电力、煤炭、水资源等价格改革。中央全面深化改革委员会第二十七次会议审议通过《关于深化农村集体经营性建设用地入市试点工作的指导意见》，推进农村集体经营性建设用地入市改革。为更好发挥市场在资源配置中的决定性作用，继续深化"放管服"改革，全面实行行政许可事项清单管理，清理招标投标领域隐性门槛和不合理限制，开展涉企违规收费专项整治。针对市场竞争领域出现的不规范现象，规范和引导资本健康发展，加强反垄断和反不正当竞争，推动互联网平台分级分类管理。

2. 稳步扩大高水平对外开放

面对保护主义等经济全球化逆流，中国坚持敞开大门搞建设，坚定奉行互利共赢的开放战略，通过高水平对外开放推动构建新发展格

局。党的二十大报告提出，要提升贸易投资合作质量和水平，稳步扩大规则、规制、管理、标准等制度型开放。2022年中国深入实施一系列既定的开放战略和政策，同时推出一系列新的开放措施。为稳外贸，国务院办公厅印发《关于推动外贸保稳提质的意见》等。为进一步优化贸易管理体制、放活市场主体，修改《中华人民共和国对外贸易法》。为扩大市场准入，国家发展改革委等部门联合印发《关于以制造业为重点促进外资扩增量稳存量提质量的若干政策措施》，国家发展改革委和商务部联合发布《鼓励外商投资产业目录（2022年版）》。为主动融入区域经济一体化，高质量实施《区域全面经济伙伴关系协定》（RCEP），推进中国－海合会等自贸协定谈判。为创造经贸合作新机会，克服疫情影响务实开展多双边经贸合作，成功举办中国国际进口博览会、中国进出口商品交易会、中国国际服务贸易交易会、中国国际投资贸易洽谈会、中国国际消费品博览会等重要展会。

（六）深入推进城乡区域协调发展

1. 全面实施乡村振兴战略

中国现代化建设最艰巨最繁重的任务仍然在农村。党的二十大报告提出，要坚持农业农村优先发展，坚持城乡融合发展，畅通城乡要素流动。2022年，中国实施和采取一系列政策措施，稳步推进农业农村现代化，巩固拓展脱贫攻坚成果，全面推进乡村振兴。《中共中央 国务院关于做好2022年全面推进乡村振兴重点工作的意见》明确将"不发生规模性返贫"作为做好2022年"三农"工作必须牢牢守住的两条"底线"之一。2022年5月，中共中央办公厅、国务院办公厅印发《国家乡村振兴重点帮扶县巩固拓展脱贫攻坚成果同乡村振兴有效衔接实施方案》，确立乡村建设的工作导向，对道路、供水、能源、物流、信息化、人居环境等重点领域建设作出部署。2022年11月，中共中央办公厅、国务院办公厅印发《乡村振兴责任制实施办法》，以责任落实推动政策落实和工作落实。

2. 扎实推进区域协调发展

促进区域协调发展是增强发展整体性协调性的重要任务，推进新型城镇化是推进中国式现代化的重要途径。党的二十大报告提出，要优化重大生产力布局，构建优势互补、高质量发展的区域经济布局和国土空间体系。2022年，中国按照既定部署，深入实施区域协调发展战略、区域重大战略、主体功能区战略，加紧落实《"十四五"特殊类型地区振兴发展规划》，着力增强区域发展的平衡性协调性。中共中央、国务院印发《全国国土空间规划纲要（2021—2035年）》，将主体功能区规划、土地利用规划、城乡规划等空间规划融合为统一的国土空间规划，实现"多规合一"，以划定生态保护红线、永久基本农田、城镇开发边界等空间管控边界，强化底线约束，引导空间开发合理化。按照"十四五"规划安排，中共中央办公厅、国务院办公厅印发《关于推进以县城为重要载体的城镇化建设的意见》，国家发展改革委印发《"十四五"新型城镇化实施方案》，把推进农业转移人口市民化作为新型城镇化首要任务，持续推进成渝地区双城经济圈建设，加快长江中游、北部湾、关中平原等城市群一体化发展，推动东北地区中心城市及城市群高质量发展，推进以县城为重要载体的城镇化建设，推动超大特大城市转变发展方式。

（七）加强生态文明建设

进入新发展阶段，中国面临的资源环境约束进一步趋紧，又面临实现碳达峰碳中和的艰巨任务，必须持续推进各类资源节约集约利用，加快调整优化产业结构、能源结构，实现发展方式绿色低碳转型。党的二十大报告提出，要统筹产业结构调整、污染治理、生态保护、应对气候变化，协同推进降碳、减污、扩绿、增长，推进生态优先、节约集约、绿色低碳发展。为推动发展方式绿色转型，2022年，中央全面深化改革委员会第二十七次会议审议通过《关于全面加强资源节约工作的意见》，国务院印发《"十四五"节能减排综合工作方案》，国家发展改革委和科技部联合印发《关于进一步完善市场导向的绿色技术创新体系实施方案（2023—2025年）》。为积极稳妥推进碳达峰碳中和，中国坚持工作方向不变，根据形势的发展变化，不断完善政策体系，有计划分步骤实施碳达峰行动。为给生态环境保护提供更有力的法律保障，出台《中华人民共和国黄河保护法》《中华人民共和国黑土地保护法》，修订《中华人民共和国海洋环境保护法》。

（八）着力增进人民福祉

发展经济的根本目的在于更好保障和改善民生。推动高质量发展，归根到底是为了不断满足人民群众对美好生活的需要。党的二十大报告提出，要着力解决好人民群众急难愁盼问题，健全基本公共服务体系，提高公共服务水平，增强均衡性和可及性，扎实推进共同富裕。2022年，中国经济增长速度放慢，部分群体失业率升高、收入减少，基本民生保障特别是兜底压力明显加大。针对这一形势，中国着力稳就业促增收，实施一系列减负稳岗扩就业政策措施。国务院办公厅印发《关于进一步做好高校毕业生等青年就业创业工作的通知》，通过多渠道增加就业岗位，拓宽基层就业空间，支持自主创业和灵活就业，稳定公共部门岗位规模，促进高校毕业生就业。国务院办公厅转发国家发展改革委制定的《关于在重点工程项目中大力实施以工代赈促进当地群众就业增收的工作方案》，通过进一步扩大以工代赈投资规模，稳定农民工和就业困难群体就业。受新冠疫情高发频发影响，一些劳动者无法正常务工和就业，一些个体工商户无法正常开展生产经营活动，基本生活遇到困难。针对这一局面，中国坚持"尽力而为，量力而行"的原则，采取积极措施，加强对重点人群帮扶工作，包括延续实施失业保险保障扩围政策，向1000多万失业人员发放失业保险，向6700万低收入群众发放价格补贴。中国在教育、医疗、养老等领域也采取了一系列措施，努力提高公共服务水平。

（九）统筹发展和安全

国家安全是民族复兴的根基，社会稳定是国家强盛的前提。党的二十大报告提出，要统筹维护和塑造国家安全，夯实国家安全和社会稳定基层基础，完善参与全球安全治理机制，建设更高水平的平安中国，以新安全格局保障新发展格局。2022年，中国全面贯彻总体国家安全观，把维护国家安全贯穿经济社会发展各方面全过程，确保粮食、能源资源、产业链供应链安全，坚决守住不发生系统性风险的底线。

1. 保障粮食安全

层层压实粮食安全责任，推进粮食储备和购销领域体制机制改革。加强高标准农田建设，加强酸化、盐碱化等退化耕地治理，坚决制止耕地"非农化"，防止耕地"非粮化"。深入实施种业振兴行动，推进种业科技自立自强，强化种业知识产权保护，鼓励育种原始创新。加快发展新型农业经营主体，积极推进生产托管、代耕代种、生产服务外包等农业社会化服务。加强粮食进出口调节，持续加强粮食进口供应链体系建设，推动粮食进口来源多元化。

2. 保障能源安全

加强能源产供储销体系建设，提升煤炭兜底保障能力，电煤中长期合同实现全覆盖。发挥大电网优势，组织开展跨区跨省互济支援，着力缓解华东、华中、西南等地区供电紧张形势。大力推进石油、天然气增储上产，提升探明储量规模，加快投产达产进度，组织各地和上游供气企业完成全年及供暖季天然气合同签订，保障民生用气需求。积极发展新能源和清洁能源，加快建设以沙漠、戈壁、荒漠地区为重点的大型风电光伏基地。

3. 保障产业链供应链安全稳定运行

建立健全关键产业链供应链风险识别、预警、处置机制，形成多层次监测体系，尽早识别发现和精准有效处置产业链供应链风险。健全关键核心技术攻关新型举国体制，聚焦产业链供应链的堵点卡点，实施关键核心技术攻关工程和产业基础再造工程，加快补齐产业链供应链短板弱项。选择具备基础和优势的城市加快培育和建设半导体产业等先进制造业集群，推动重点产业突破突围。大力开展国际产业链供应链合作，共同构建安全稳定、互利共赢的产业链供应链体系。

4. 防范化解经济金融领域重大风险

过去几年，中国政府有效处置了影子银行、互联网金融等风险，避免了系统性风险，但房地产、中小金融机构、地方政府债务等领域仍存在风险。2022 年，针对房地产领域出现的问题，出台一系列政策稳地价、稳房价、稳预期，稳妥实施房地产金融管理制度并加强监督，保持房地产融资平稳有序，优化商品房预售资金监管，保障项目开发建设和按期交付。推进高负债房地产企业风险化解，防控房地产风险向金融、经济、社会领域扩散。通过在开发性政策性银行设立专项借款、下调贷款市场报价利率（LPR）和住房公积金贷款利率、降低首付比和房贷利率、放宽限购和限贷，推进"保交楼"，促进"稳民生"。同时，稳妥防范化解地方政府债务风险，遏制新增地方政府隐性债务，支持地方有序化解存量隐性债务。

三、2022 年发展取得的新成就

2022 年是中国发展极为困难的一年。但在党中央的坚强领导和周密部署下，通过全国各族人民的共同努力，中国发展依然取得了一系列新成就。

（一）经济实现平稳运行

1. 经济保持增长

2022 年，中国经济增长 3.0%，低于预期目标，但高于美国、德国等经济体的增速。同年，美国、德国、法国、日本经济增速分别为 2.1%、1.8%、2.6%、1.0%，分别比中国低 0.9、1.2、0.4、2.0 个百分点。中国经济总量继续扩大，国内生产总值（GDP）达到 121 万亿元，经济实力再上新台阶。

2. 物价保持较低水平

2022 年，中国居民消费价格指数（CPI）上涨 2.0%，涨幅较上年提高 1.1 个百分点，扣除食品和能源价格后的核心 CPI 上涨 0.9%。工业生产者出厂价格指数（PPI）上涨 4.1%，涨幅较上年下降 4.0 个百分点。中国通胀水平明显低于全球主要经济体通胀水平，大幅低于美国 8.0%、欧元区 8.4%、英国 7.9% 的通胀水平，也明显低于印度、巴西、南非等新兴经济体 6%~10% 的通胀水平。

3. 就业形势总体稳定

2022 年上半年，受世纪疫情影响，就业形势较为严峻，4 月份全国城镇调查失业率一度升至 6.1%，5 月份 31 个大城市城镇调查失业率一度升至 6.9%。由于各方面持续加大稳就业力度，下半年就业形势有一定好转，12 月份全国城镇调查失业率和 31 个大城市城镇调查失业率分别降至 5.5% 和 6.1%。2022 年，全国城镇新增就业 1206 万人，超额完成年度目标任务。重点群体就业稳中有升，脱贫人口务工规模 3278 万人，同比增长 4.2%；农民工总量 29562 万人，同比增长 1.1%[①]。青年调查失业率先升后落，16~24 岁城镇青年劳动力调查失业率从 7 月份 19.9% 的高位回落至 12 月份的 16.7%，下降 3.2 个百分点。

4. 消费领域呈现新亮点

2022 年，全国网上零售额 13.8 万亿元，同比增长 4.0%。其中，实物商品网上零售额 12.0 万亿元，同比增长 6.2%，占社会消费品零售总额的比重为 27.2%，比上年提高 2.7 个百分点。绿色消费增长迅速，新能源汽车销量达到 688.7 万辆，连续 8 年位居世界第一，比上年增长 93.4%。

5. 基础设施投资和制造业投资成为支撑投资增长的重要力量

2022 年，基础设施投资和制造业投资较快增长，增速分别为 9.4% 和 9.1%，高于全社会固定资产投资增速 4.5 个和 4.2 个百分点。其中，高技术制造业投资保持高速增长，同比增长 22.2%，高于制造业投资增速 13.1 个百分点。

（二）现代化产业体系建设取得新进展

1. 第一产业发展基础不断夯实

2022 年，第一产业增加值 8.8 万亿元，同比增长 4.1%。粮食生产克服世纪疫情、北方秋汛和南方极端高温干旱等不利因素影响，产量创历史新高，全年新增粮食播种面积 1052 万亩。全年 1 亿亩高标准农田建设任务超额完成，如期实现 10 亿亩累计建设目标。全年新

---

① 国家统计局：《2022 年农民工监测调查报告》，2023 年 4 月 28 日。

增耕地灌溉面积 78 万公顷，新增高效节水灌溉面积 161 万公顷。种业科技自立自强水平进一步提升，新收集农作物种质资源 12.4 万份。农业生物育种重大项目、核心种源和新品种培育等领域取得阶段性突破。

2. 制造业高端化智能化绿色化深入发展

2022 年，第二产业增加值 48.3 万亿元，同比增长 3.8%。规模以上工业增加值同比增长 3.6%，其中，高技术制造业增加值同比增长 7.4%，占规模以上工业增加值的比重为 15.5%；装备制造业增加值同比增长 5.6%，占规模以上工业增加值的比重为 31.8%。新能源汽车、太阳能电池、工业机器人等产品产量分别增长 90.5%、46.8%、21.0%。工业互联网已经全面融入 45 个国民经济大类，具有影响力的工业互联网平台超过 240 家，为产业升级注入新动能。重大技术攻关取得一批重大突破性成果，首架自主研制 C919 大型客机正式交付用户，国产 10 万吨级大型渔业养殖工船成功交付，中国空间站全面建成，第三艘航空母舰"福建舰"下水。

3. 战略性新兴服务业增长较快

2022 年，第三产业增加值达到 63.9 万亿元，同比增长 2.3%。全年规模以上服务业企业营业收入同比增长 2.7%，而战略性新兴服务业企业营业收入同比增长 4.8%，高于全部规模以上服务业企业 2.1 个百分点；软件和信息技术服务业规模以上企业软件业务收入同比增长 11.2%，高于全部规模以上服务业企业 8.5 个百分点[①]。

---

① 工业和信息化部：《2022 年软件和信息技术服务业统计公报》，2023 年 1 月 31 日。

（三）整体创新能力继续增强

1. 创新投入继续快速增长

2022 年，全社会研究与试验发展经费投入近 3.1 万亿元，首次突破 3 万亿元，同比增长 10.1%，已连续 7 年以超过 10% 的速度增长。全社会研究与试验发展经费和国内生产总值的比值为 2.54%，首次突破 2.5%，比上年提高 0.11 个百分点。基础研究经费投入达 2023.5 亿元，同比增长 11.4%，占全社会研发经费的比重为 6.6%，已连续 4 年保持在 6% 以上的水平。

2. 科技人才队伍继续壮大

2022 年，研究与试验发展人员全时当量达到 635.4 万人年，规模继续保持世界首位。内地入选全球高被引科学家数量达到 1169 人次，同比增长 25.0%，连续 4 年保持世界第二位。

3. 企业创新主体地位进一步提升

2022 年，国家重点研发计划立项项目中，企业参加或牵头的比重接近 80%。高新技术企业从 2021 年的 33 万家增至 2022 年的 40 万家。进入全球企业研发投入 2500 强的企业从 2021 年的 683 家增至 2022 年的 762 家。截至 2022 年底，中国国内拥有有效发明专利的企业达 35.5 万家，较上年增加 5.7 万家，拥有有效发明专利 232.4 万件，同比增长 21.8%。

4. 国家战略科技力量布局进一步优化

国家战略科技力量加快壮大，国家实验室体系建设扎实推进，国际科技创新中心、综合性国家科学中心、国家制造业中心、区域科技创新中心加快建设。截至 2022 年底，正在运行的国家重点实验室 533 个，纳入新序列管理的国家工程研究中心 191 个，国家企业技术中心 1601 家。

（四）城乡区域协调发展深入推进

1. 乡村振兴全面推进

2022 年，脱贫攻坚和乡村振兴实现有效衔接。农村规模以上农产品加工业营业收入达到 18.5 万亿元左右，增长约 4%。全国农产品网络零售额 5313.8 亿元，同比增长 9.2%，增速较 2021 年提升 6.4 个百分点。截至 2022 年底，每个脱贫县都培育了 2~3 个特色主导产业。脱贫地区农村人均可支配收入达到 15111 元，同比增长 7.5%，高出全国农村居民人均可支配收入同比增速 1.2 个百分点。农村自来水普及率达 87%，比 2021 年提高 3 个百分点。农村卫生厕所普及率超过 73%，90% 以上的自然村生活垃圾得到收运处理，95% 的村庄开展了清洁行动。农村低收入人口和脱贫人口参保率稳定在 99% 以上[1]。

2. 新型城镇化取得新进展

2022 年，城镇化率达到 65.22%，同比提高 0.50 个百分点，比"十四五"规划纲要提出的目标高 0.22 个百分点，提前三年实现"十四五"规划提出的目标。城镇常住人口从 2021 年的 91425 万人增加到 2022 年的 92071 万人。

---

[1] 国家医疗保障局：《2022 年医疗保障事业发展统计快报》，2023 年 3 月 9 日。

3. 城乡居民生活水平差距继续缩小

2022 年，中国城镇居民人均可支配收入 49283 元，同比实际增长 1.9%。农村居民人均可支配收入达 20133 元，同比实际增长 4.2%。城乡居民人均可支配收入比值为 2.45，比 2021 年缩小 0.05。城乡居民人均消费支出比值为 1.83，比 2021 年缩小 0.07。城镇居民恩格尔系数为 29.5%，农村为 33.0%，城乡居民恩格尔系数相差 3.5 个百分点，比 2021 年缩小 0.6 个百分点。

4. 区域发展协调性有所增强

2022 年，在四大板块中，东、中、西部相对差距持续缩小，全年中部和西部地区生产总值增速分别为 4.0% 和 3.2%，分别比东部地区高 1.5 个和 0.7 个百分点。全年中部和西部地区居民人均可支配收入增速分别为 6.0% 和 5.3%，分别比东部地区高 1.5 个和 0.8 个百分点。国家区域重大战略实施取得新成效，京津冀协同发展水平继续提升，经济整体实力迈上新台阶，总量突破 10 万亿元，疏解北京非首都功能成效显现，雄安新区建设取得重大阶段性成果，北京城市副中心高质量发展步伐加快。长三角三省一市地区生产总值同比增加 1.42 万亿元，达 29.03 万亿元，约占中国国内生产总值的 1/4，在全国经济格局中的地位进一步提升。粤港澳大湾区经济总量超过 13 万亿元，朝着建成国际一流湾区和世界级城市群的既定目标稳步前进。长江经济带绿色高质量发展取得新成效，经济总量达到 56 万亿元。黄河流域生态保护和高质量发展深入推进，万元国内生产总值用水量由 2021 年的 45 立方米左右下降至 2022 年的 41 立方米左右[①]。

---

① 水利部：《2022 年中国水资源公报》，2023 年 6 月 30 日。

（五）生态文明建设取得新进展

1. 发展方式绿色转型稳步推进

2022 年，万元国内生产总值能耗下降 0.1%。能源结构低碳化水平继续提高，天然气、水电、核电、风电、太阳能发电等清洁能源消费量合计占能源消费总量的 25.9%，较上年增加 0.4 个百分点。绿色产业发展加快，新能源汽车产量达到 700.3 万辆，连续 8 年位居世界第一。

2. 生态环境质量继续改善

2022 年，全国 339 个地级及以上城市平均空气质量优良天数比例为 86.5%，重污染天数比例首次降至 1% 以内。3641 个国家地表水考核断面中，水质优良（Ⅰ～Ⅲ类）断面比例为 87.9%，同比上升 3.0 个百分点；劣Ⅴ类断面比例为 0.7%，同比下降 0.5 个百分点。全国土壤环境风险得到基本管控，土壤污染加重趋势得到初步遏制。农村生活污水治理率达到 31% 左右，同比上升 3.0 个百分点。全国农用地安全利用率保持在 90% 以上，农用地土壤环境状况总体稳定，重点建设用地安全利用得到有效保障[①]。

3. 生态保护和修复力度加大

通过深入实施山水林田湖草沙一体化保护和系统治理、长江流域重点水域十年禁渔等重要生态系统保护和修复重大工程，增强生态系统的多样性、稳定性和持续性。在生态环境部发布的生态质量指数

[①]　黄润秋:《国务院关于 2022 年度环境状况和环境保护目标完成情况的报告》，全国人大网，2023 年 4 月 26 日。

中，2022 年全国的水平为 59.6，生态质量综合评价保持"二类"。全国陆域生态保护红线面积占陆地国土面积 30% 以上，森林覆盖率达到 24.0%，草原综合植被盖度达到 50.3%。全年完成治理沙化石漠化土地 184.7 万公顷，新增水土流失治理面积 6.3 万平方千米[①]。

4. 碳达峰碳中和稳妥推进

2022 年，面对能源保供压力增大的新形势，中国稳妥推进碳达峰碳中和，立足自身资源禀赋，加快构建清洁低碳安全高效的能源体系，加快构建绿色低碳产业体系，水电、核电、风电和太阳能发电产业继续较快发展，全国风电、光伏发电新增装机突破 1.2 亿千瓦，万元国内生产总值二氧化碳排放下降 0.8%。以推进国土绿化行动为重要手段，提高碳汇能力。全年完成造林面积 383 万公顷，其中人工造林面积 120 万公顷，占全部造林面积的 31.4%。

（六）高水平对外开放深化拓展

1. 贸易总规模继续保持全球第一

2022 年，中国货物贸易进出口总值突破 40 万亿元大关，达 41.8 万亿元，已连续 6 年保持世界第一货物贸易国地位。其中，出口已连续 14 年居世界首位。同时，中国贸易结构继续优化，出口商品技术含量继续提高，机电产品占六成左右，电动汽车、光伏产品、锂电池成为出口新亮点，同比分别增长 131.8%、67.8% 和 86.7%。服务出口总额近 3 万亿元，同比增长 12.1%。其中，知识产权使用费，电信、

---

①　黄润秋：《国务院关于 2022 年度环境状况和环境保护目标完成情况的报告》，全国人大网，2023 年 4 月 26 日。

计算机和信息服务分别增长 17.5% 和 13.0%。

2. 双向投资取得新进展

2022 年，实际利用外资达 1891.3 亿美元，同比增长 4.5%，依然保持世界前列。制造业实际使用外资 3237 亿元人民币，同比增长 46.1%。汽车行业引资同比大幅增长 263.8%，计算机通信制造、医药制造领域引资同比分别增长 67.3% 和 57.9%。高技术产业实际使用外资 4450 亿元人民币，同比增长 28.3%，高技术制造业、高技术服务业引资同比分别增长 49.6% 和 21.9%。对外投资规模继续保持世界前列，对外直接投资流量 1631.2 亿美元，为全球第二位 [①]。

3. 高质量共建 "一带一路" 有效推进

2022 年，中国与 "一带一路" 共建国家贸易规模创下新高，进出口总额达 2.9 万亿美元。中国与共建国家双向投资迈上新台阶，投资领域涵盖多个行业，其中共建国家对华投资累计超过 1400 亿美元。截至 2022 年底，中国对共建国家的直接投资累计超过 2400 亿美元，中国企业在共建国家建设的合作区已累计投资 600 亿美元。中老铁路、匈塞铁路等重点项目建设运营稳步推进，一批 "小而美" 的农业、医疗、减贫等民生项目相继落地。

4. 为全球发展作出新贡献

2022 年中国 GDP 增速在全球前五大经济体中排名第二位，对世界经济的贡献率接近 20%，仍是世界经济增长的重要引擎和稳定力量。2022 年中国货物进口额突破 2.7 万亿美元，稳居世界第二位，为世界各国提供重要市场。

---

① 中华人民共和国商务部、国家统计局、国家外汇管理局：《2022 年度中国对外直接投资统计公报》，中国商务出版社，2023，第 3-7 页。

（七）人民生活水平继续提高

1. 居民收入增长与经济增长基本同步

2022 年，全国居民人均可支配收入 36883 元，比上年增长 5.0%，扣除价格因素，实际增长 2.9%，与经济增速接近。全国居民人均可支配收入中位数 31370 元，增长 4.7%。按常住地分，城镇居民人均可支配收入 49283 元，比上年增长 3.9%，扣除价格因素，实际增长 1.9%。城镇居民人均可支配收入中位数 45123 元，增长 3.7%。农村居民人均可支配收入 20133 元，比上年增长 6.3%，扣除价格因素，实际增长 4.2%。农村居民人均可支配收入中位数 17734 元，增长 4.9%。

2. 民生福祉继续改善

2022 年，九年义务教育巩固率达到 95.5%，比上年提高 0.1 个百分点。学前教育实现基本普及，学前教育毛入园率 89.7%，比上年提高 1.6 个百分点。高中阶段毛入学率 91.6%，比上年提高 0.2 个百分点。新增劳动力平均受教育年限从上年的 13.8 年提高到 14.0 年。2022 年末全国基本养老、失业、工伤保险参保人数分别达到 10.5 亿、2.4 亿、2.9 亿人，同比分别增加 2436 万、849 万、830 万人。基本医疗保险参保人数 13.5 亿人，参保覆盖面稳定在 95% 以上[1]。国民健康水平继续改善，孕产妇死亡率下降至 15.7/10 万、婴儿死亡率下降至 4.9‰、5 岁以下儿童死亡率下降至 6.8‰，均为历史最低水平。

---

[1]　国家医疗保障局：《2022 年医疗保障事业发展统计快报》，2023 年 3 月 9 日。

（八）安全发展基础进一步夯实

1. 初级产品保供和产业链供应链安全水平有所提升

粮食产量创历史新高。2022 年总产量达到 13731 亿斤，增产 74 亿斤，连续 8 年保持在 1.3 万亿斤以上。能源保供能力进一步提升。全国原煤产量创历史新高，达到 45.6 亿吨，比上年增长 10.5%；原油产量再次回升到 2 亿吨以上，达到 2.05 亿吨；天然气产量达到 2201 亿立方米，已经连续 6 年年均新增产能 100 亿立方米；可再生能源发电装机达到 12 亿千瓦，每年新增的风力和光伏发电装机已经连续 3 年突破 1 亿千瓦。重点领域产业链供应链自主可控、风险应对能力有所提升，产业链供应链韧性进一步提高，一些关键技术和装备取得新突破。14 纳米芯片先进工艺实现量产，90 纳米光刻机、5 纳米刻蚀机、12 英寸大硅片、国产 CPU、5G 芯片等有新的突破。

2. 守住不发生系统性风险的底线

推出 3500 亿元"保交楼"专项借款，设立 2000 亿元"保交楼"贷款支持计划，实施改善优质房企资产负债表计划，受困房企风险处置有序开展。建立防范化解地方政府隐性债务风险长效机制工作持续推进，隐性债务增量有效遏制。金融机构风险持续化解。推进辽宁省高风险中小银行处置工作，吸收合并省内两家高风险城市商业银行、组建辽沈银行。支持河南省、安徽省稳妥处置 5 家村镇银行风险事件。2022 年，中国银行业金融机构整体经营稳健，风险总体可控，在安全边界内机构（评级结果 1~7 级）资产占参与央行评级的银行业金融机构[①]总资产的比重为 98.3%，高风险机构（评级结果 8~D 级）资产占比为 1.7%，其数量较 2019 年峰值时压降近半[②]。

2022 年中国经济社会发展取得的新成就令世人瞩目。同时，要清醒认识到，中国发展还面临诸多困难和挑战。外部环境不确定性加大，全球通胀仍处于高位，世界经济和贸易增长动能减弱，外部打压遏制力度不断上升。国内经济增长企稳向上基础尚需巩固，需求不足仍然是突出矛盾，民间投资和民营企业预期不稳，稳就业任务艰巨，科技创新能力还不强，生态环境保护任重道远，一些民生领域存在不少短板。面向未来，中国经济韧性强、潜力大、活力足的基本面没有改变，经济长期向好趋势也不会变。完成党的二十大确定的发展目标任务，要坚持以习近平新时代中国特色社会主义思想为指导，全面贯彻落实党的二十大精神，完整、准确、全面贯彻新发展理念，加快构建新发展格局，着力推动高质量发展，推动全面建设社会主义现代化国家不断迈上新的台阶。

---

① 此处特指 4368 家参与央行评级的银行业金融机构。
② 中国人民银行：《2022 年四季度央行金融机构评级结果》，2023 年 6 月 30 日。

第二章 | 创新发展

　　创新发展在新发展理念中居于首位，注重的是解决发展动力问题，实施创新驱动发展战略决定着中华民族前途命运。党中央一直高度重视科技事业，不断强化创新在推进中国式现代化进程中的地位和作用，坚持创新在中国式现代化建设全局中的核心地位，加快推进高水平科技自立自强，推动构建新发展格局。党的二十大进一步提出，深入实施科教兴国战略、人才强国战略、创新驱动发展战略，开辟发展新领域新赛道，不断塑造发展新动能新优势。2022 年，面对更趋严峻复杂的国际国内形势，我们坚持走中国特色自主创新道路，统筹推进教育、科技和人才工作，加快完善国家创新体系，强化战略科技力量，稳步提升基础研究和原始创新能力，加速推进关键核心技术攻关，增强创新对建设现代化产业体系的战略支撑能力，推动高质量发展迈出新步伐。

一、创新发展在新阶段面临的新要求

（一）发展阶段变化和增长动力转换要求加快实现创新驱动发展

　　近些年来，支撑中国经济发展的条件发生重要变化，劳动力成本上升，资源环境承载能力已达到或接近上限，依靠要素驱动、大量投入资源和消耗环境的经济发展方式已经难以为继。同时，单纯依靠技术引进也已经不能适应新阶段发展的需要。我们必须发挥科技创新的支撑引领作用，加快从以要素驱动、投资规模驱动发展为主向以创新驱动发展为主转变，通过质量变革、效率变革、动力变革，提高供给体系质量和水平，推动经济社会实现高质量发展。2022 年，中国科技创新和产业转型升级面临疫情冲击和增长动力转换的双重挑战。高新技术企业利润受到侵蚀，新经济新动能承压明显，创投市场活跃度有所下降。面对严峻形势和挑战，我们需要深入实施创新驱动发展战略，加快转方式、优结构、换动力，推动经济实现质的有效提升和量的合理增长。

（二）应对国际政治经济格局深刻变化要求必须实现高水平科技自立自强

美国以"国家安全"等名义，对我高技术企业和中美科技交流持续予以打压和限制，不断升级高技术出口管制措施。2022 年，美国政府加大对华战略围堵力度，出台一系列新的围堵和封锁措施。其中，所谓的《芯片与科学法案》对有助于提高美国创新竞争力的领域增加补贴，限制获补贴的全球芯片企业未来 10 年内在华投资先进产能，增强美国在芯片领域的竞争优势。2022 年 10 月发布《出口管理条例》最新修订规则，采取将特定的高性能计算芯片、含有此类芯片的计算机产品以及半导体制造设备、软件和技术加入《商业管制清单》，限制美国人为涉及中国的特定半导体活动提供支持等措施，限制中国企业获取英伟达、AMD 等公司的先进芯片和计算机产品以及寻求国际晶圆代工厂商的流片和代工服务。同时，美国又将多家中国实体列入各类制裁清单，并联合盟国加强对中国的科技围堵。美国的科技打压在短期内会给中国科技创新增加障碍，但也促进了全社会加快凝聚创新共识，激发了更多企业的自主创新动力，加快了产业转型升级的步伐，在中长期增强中国技术和产品的竞争优势。中国科技与经济安全更迫切地需要科学技术的强大支撑，更需要加快以科技创新提升产业链供应链韧性和安全水平。

（三）抢抓新一轮科技革命和产业变革的战略机遇要求加快提升基础研究和原始创新能力

当前，以大数据、人工智能、5G、量子信息等新兴数字技术为主导的新一轮科技革命和产业变革深入发展。各领域技术加速突破，新方法、新手段不断涌现，催生出众多新业态、新产业。新一轮科技革命的渗透性、扩散性、颠覆性特征，正在引发新一轮国际分工重大调整，重塑世界竞争格局。面对科技创新发展新趋势，美、英、日等发达国家纷纷推出新的科技创新战略和政策，加大基础科学和前沿领域投入，抢占前沿技术制高点、争取未来竞争的主动权。在各国政策大力支持下，人工智能、生物技术、绿色能源等领域正在酝酿重大突破。抢抓新一轮科技革命和产业变革机遇，在新时代的国际合作和竞争中塑造新优势、开辟新赛道，需要我们加强前沿领域创新的顶层设计和前瞻布局，加快提升基础研究和原始创新能力，夯实科技自立自强根基。

二、科技体制改革和创新体系建设的部署和举措

面对严峻复杂的国际形势和风险挑战，党中央将教育、科技、人才作为全面建设社会主义现代化国家的基础性、战略性支撑，深入实施科教兴国战略、创新驱动发展战略，加快构建新发展格局。针对原始创新能力不强、创新体系整体效能不高、科技投入产出效益较低、产业基础不牢等问题，加快完善科技创新体系，强化现代化建设人才支撑，推动创新链产业链深度融合，坚持开放创新，以创新驱动引领高质量发展。

（一）加快完善国家创新体系

为克服创新体系分散、低效、重复的弊端，党的二十大报告提出，完善党中央对科技工作统一领导的体制，健全新型举国体制，强化国家战略科技力量，深化科技体制改革，提升国家创新体系整体效能。2022 年，中国健全相关体制机制，不断优化配置创新力量和创新资源，依靠改革完善中国特色国家创新体系。

1. 完善关键核心技术攻关新型举国体制

突破"卡脖子"技术需要健全社会主义市场经济条件下新型举国体制，充分发挥市场经济基础上政府集中力量办大事的体制优势。2022 年中央经济工作会议提出，完善新型举国体制，发挥好政府在关

键核心技术攻关中的组织作用，突出企业科技创新主体地位。2022 年中央全面深化改革委员会第二十七次会议审议通过的《关于健全社会主义市场经济条件下关键核心技术攻关新型举国体制的意见》指出，健全关键核心技术攻关新型举国体制，要把政府、市场、社会有机结合起来，科学统筹、集中力量、优化机制、协同攻关。

2. 强化国家战略科技力量

世界科技强国竞争，比拼的是科技攻关体系化能力。2022 年，中国加快国家战略科技力量布局建设。国家实验室入轨运行，强化重点领域和基础领域布局，加快重点领域产学研用协同攻关，培养高水平人才和创新团队。全国重点实验室重组加快推进，完成首批 20 个实验室遴选与重组试点，推动形成覆盖面全、领域清晰、布局合理、有效支撑国家战略目标与战略需求的全国重点实验室体系。持续推动科技领军企业超前布局前沿技术和颠覆性技术，组建企业牵头的创新联合体、探索联合攻关的协同创新组织模式。

3. 深化科技项目和成果管理制度改革

2022 年，中国围绕科技项目和成果管理制度进行了相关改革。加快实施《科技体制改革三年攻坚方案（2021—2023 年）》，持续优化科技创新生态，形成扎实的科研作风。改革重大科技项目立项和组织管理方式，积极探索重大任务实施"揭榜挂帅""赛马"等制度；对前沿探索项目实行首席科学家负责制，设立颠覆性技术专项，支持科学家大胆探索。给予科研单位更多项目管理自主权，赋予科学家更大技术路线决定权和经费使用权。加快构建中国特色科技伦理体系，提高科技伦理治理能力。建立科研失信行为调查处理工作的操作性规范。相关部门还统筹部署了技术要素市场制度、技术要素交易网络、技术要素市场服务体系建设，着力提升技术要素市场化配置效率，推动高质量科技成果供给。

4. 推进区域科技创新中心建设

区域科技创新中心作为创新高地，在技术、产业、人才和制度创新等诸多方面发挥着辐射和带动作用。党的二十大报告明确提出，统筹推进国际科技创新中心、区域科技创新中心建设。2022年，北京、上海、粤港澳大湾区三个国际科技创新中心加快建设，成渝（2021年12月获批）、武汉（2022年4月获批）开始建设具有全国影响力的科技创新中心，重点包括：围绕原创性、引领性技术进行攻关，提升原创科技策源能力；发挥改革"试验田"作用，开展先行先试；强化区域创新共同体建设，带动周边地区创新发展。

（二）持续提升科技创新能力

针对中国科技支撑经济发展不足、与经济结合不紧密等问题，党的二十大报告提出，加强基础研究，加快实施一批具有战略性全局性前瞻性的国家重大科技项目，增强自主创新能力，强化企业科技创新主体地位，推动创新链产业链资金链人才链深度融合。党中央提前谋划部署重大科技项目，出台一系列举措增强科技创新能力，充分发挥科技创新的引领带动作用。

1. 加快实施国家科技规划和重大科技项目

党中央在总结过去十年科技工作及取得成绩的基础上，瞄准国家战略需求系统布局重大科技项目，集聚优势力量攻坚克难，塑造更多依靠创新驱动、更多发挥先发优势的引领型发展。2022年，各地方、各部门积极贯彻落实《中华人民共和国国民经济和社会发展第十四个五年规划和 2035 年远景目标纲要》《基础研究十年规划》等重要文件，推动国家重大科技项目实施；陆续制定实施了生态环境、城镇化与城市发展、交通、卫生与健康、公共安全与防灾减灾、中医药、国家高新技术产业开发区发展、科学技术普及发展等领域科技创新专项规划，保障了科技工作按照中央部署有序推进。

2. 加强基础研究和原始创新能力建设

加强基础研究是实现科技自立自强的必然要求，基础科学也是美西方对中国科技遏制升级的重要方向。2022 年中国开始实施的新《中华人民共和国科学技术进步法》提出了建立稳定的财政投入机制、强化基础研究基地建设、加大基础研究人才培养力度、促进基础研究与应用研究协调发展等支持基础研究持续稳定发展的一系列重要举措。2022 年 12 月，中共中央、国务院印发《扩大内需战略规划纲要（2022—2035 年）》，提出持之以恒加强基础研究，发挥好重要院所、高校的国家队作用，重点布局一批基础学科研究中心。高校开始加强有组织科研，设立基础研究和交叉学科专项，启动基础学科研究中心、医药基础研究创新中心建设，对接国家战略目标、战略任务。

3. 支持企业增强科技创新能力

企业是最活跃的创新力量，增强企业的创新动力和创新能力，是发挥科技对经济支撑作用、提高国家创新体系整体效能的关键所在。2022 年，中国出台了强化企业创新主体地位、科技支撑稳经济一揽子政策措施。税收政策方面，高新技术企业 2022 年 10 月 1 日至 12 月 31 日期间新购置的设备、器具可当年一次性全额在计算应纳税所得额时扣除，并能够在税前实行 100% 加计扣除；科技型中小企业研发费用加计扣除比例从 75% 提高到 100%。研发项目方面，在国家重点研发计划重点专项中，单列预算资助科技型中小企业。发挥企业参与科技创新决策作用方面，建立向企业咨询及征求意见的制度，健全需求导向和问题导向科技计划项目形成机制，推动建立企业常态化参与国家科技创新决策的机制。

（三）加快建设现代化产业体系

科技创新驱动要为打造自主可控、安全可靠、竞争力强的现代化产业体系提供关键战略支撑。中国产业发展存在基础能力不强、传统产业附加值不高、战略性新兴产业高质量规模化发展不足等问题，归根结底要靠加快科技自立自强和创新驱动发展来解决。党的二十大报告对加快建设现代化产业体系，提升产业链供应链韧性和安全水平，推动制造业高端化、智能化、绿色化发展，推动战略性新兴产业融合集群发展作出了重要部署。2022 年，相关部门围绕增强产业创新发展能力和加快建设现代化产业体系，推出了一系列支持政策和措施。

1. 着力推进产业基础再造

构建自主可控、安全可靠、竞争力强的现代化产业体系，一定要在产业链供应链重点领域、关键环节实现自主可控，特别是要在涉及产业基础能力的短板弱项上下大功夫取得突破，集中优质资源合力攻关。2022 年，相关部门按照"十四五"规划关于加强产业基础能力建设，实施产业基础再造工程的有关部署要求，扎实推进相关工作，培育"专精特新"企业，提升制造业核心竞争力，确保国民经济循环畅通。重点是鼓励和支持行业龙头企业发挥引领作用，带动产业链上下游相关企业组成创新联合体，以市场需求为导向，围绕制造业重点产业链，找准关键核心技术和零部件薄弱环节，开展关键基础技术和产品的工程化攻关，促进产业基础能力提升。

2. 着力推进智能绿色低碳技术创新和应用

高端化、智能化、绿色化是全球制造业创新发展的重要趋势和方向。2022 年，中国推动制造业高端化、智能化、绿色化发展的政策体系逐步完善。高端化方面，继续推动实施重大技术装备攻关工程，在大飞机、航空发动机、燃气轮机、电力能源装备、船舶与海工装备、工业母机、高端医疗装备和现代农机装备等领域，努力突破一批带有创新性、标志性的装备。智能化方面，多部门联合开展了 2022 年度智能制造试点示范行动，推进智能制造示范工厂建设，推进传统产业数字化改造。绿色化方面，开展绿色低碳技术攻关和产品示范应用，积极推动实施工业领域碳达峰行动，以创建绿色工厂、开发绿色产品、建设绿色工业园区和构建绿色供应链为牵引，积极推动传统产业绿色低碳改造升级；实施工业能效、水效提升计划，提高能源资源利用效率和清洁生产水平。

3. 着力推进战略性新兴产业融合集群发展

战略性新兴产业是前沿领域技术创新的高地，是引领未来发展的新支柱、新赛道，也是塑造中国经济发展新动能的重要引擎。2022年 12 月，中央将壮大战略性新兴产业纳入《扩大内需战略规划纲要（ 2022—2035 年）》，对深入推进国家战略性新兴产业集群发展、建设国家级战略性新兴产业基地、建设国家新型工业化产业示范基地、培育世界级先进制造业集群作出明确部署。相关部门扎实推进国家战略性新兴产业集群发展工程；持续开展国家新型工业化产业示范基地建设；围绕建设世界重要人才中心和创新高地，聚焦先进制造业、战略性新兴产业等重点领域，规划建设一批专业性行业性国家级人才市场；加强债券市场对高新技术产业和战略性新兴产业等重点领域相关企业发行科技创新债券的支持，运用市场化机制激励企业创新投入，为战略性新兴产业发展创造良好的环境。

（四）加强创新人才教育培养

人才是第一资源，创新驱动本质上是人才驱动。科技强国，离不开一个个科技尖兵、科技方阵。面对新形势新任务，中国人才工作还存在人才队伍结构性矛盾突出、人才政策精准化程度不高等问题。党的二十大报告提出，实施更加积极、更加开放、更加有效的人才政策，深化人才发展体制机制改革。必须深入实施人才强国战略，全面提高人才自主培养质量，着力造就拔尖创新人才，集聚天下英才，才能为实现高水平科技自立自强提供有力支撑。

1. 加快建设高质量教育体系

中央全面深化改革委员会第二十四次会议审议通过了《关于加强基础学科人才培养的意见》，强调要全方位谋划基础学科人才培养。相关部门积极探索拔尖创新人才早期发现和选拔培养机制，实施本硕博一体化人才培养改革；部署实施"强基计划"，建设基础学科拔尖学生培养基地；瞄准未来前沿性、革命性、颠覆性技术发展，打破传统学科专业壁垒，促进学科专业深度交叉融合发展。此外，针对青年科研人员面临的展露才能机会少、成长通道窄、评价考核频繁、事务性负担重等突出问题，开展了减负专项行动。

2. 深化人才发展体制机制改革

中央全面深化改革委员会第二十七次会议审议通过了《关于深化院士制度改革的若干意见》，在选拔评审、学风建设、担当作为、监督管理等方面推动改革。部分地方和高校院所以"破四唯""立新标"为突破口，以深化改革和政策协同为保障，试点科技人才评价体系改革。根据国务院办公厅印发的《完善科技成果评价机制的指导意见》，各地方、各部门调整了相关科技成果评价制度。2022 年，中共中央、国务院印发的《扩大内需战略规划纲要（2022—2035 年）》提出，健全以创新能力、质量、实效、贡献为导向的科技人才评价体系，完善技能人才评价制度；中共中央办公厅、国务院办公厅印发的《关于加强新时代高技能人才队伍建设的意见》提出，加大高技能人才培养力度，完善技能导向的使用制度，建立技能人才职业技能等级制度和多元化评价机制，建立高技能人才表彰激励机制。

（五）构建开放创新生态

开放创新是经济全球化的趋势，尤其是在面临封锁打压的形势下，更不能搞自我封闭、自我隔绝，必须要实施更加开放包容、互惠共享的国际科技合作战略，加强开放创新。习近平总书记指出，世界各国更加需要加强科技开放合作，通过科技创新共同探索解决重要全球性问题的途径和方法，共同应对时代挑战[①]。党的二十大报告要求，扩大国际科技交流合作，加强国际化科研环境建设，形成具有全球竞争力的开放创新生态。

1. 扩大国际科技交流合作

2022 年，中国继续扩大科技领域开放合作，主动融入全球科技创新网络。全年共举办了 48 场政府间科技合作会议，新签和续签了 25 项科技合作文件。相关部门加强国际双多边科技合作与知识交流，开展应对气候变化、区域生态环境污染治理等研究合作，积极构建与国际接轨的技术标准体系；推进中欧、中德、中加、中新、中挪在可持续发展等领域开展国际合作；在数字经济、绿色低碳等领域开展国际科技合作，推动全球经济可持续发展。打造"一带一路"创新共同体，加强创新成果共享。支持在国家高新技术产业开发区内企业工作并取得永久居留资格的外籍科学家领衔承担科技计划项目。积极推进并试点设立了面向全球的科学研究基金，鼓励各国科学家围绕重大问题共同开展研究。聚焦粮食安全、能源安全、人类健康、灾害风险、气候变化、环境安全等人类共同挑战，策划组织国际科普活动，增强国际合作共识。

2. 加大吸引国际人才力度

推动国际人才认定、服务监管部门信息互换互认。在风险可控领域探索建立国际职业资格证书认可清单制度，加强执业行为监管，加大国际化高端技能人才的培养和使用力度。推进人才社区建设，提高国际人才综合服务水平。打破户籍、身份、学历、人事关

[①] 《加强科技开放合作 共同应对时代挑战》，《人民日报》2021 年 9 月 26 日第 1 版。

系等制约，加强人才国际交流合作，促进人才跨地区、跨行业、跨领域顺畅流动。鼓励地方政府面向国家高新技术产业开发区"高精尖缺"人才开辟"绿色通道"，优化外国高端人才来华工作许可和居留许可程序。探索建立外国在华留学生校外实习和勤工助学制度。

三、创新发展取得新成效

2022 年，在党中央坚强领导和全社会共同努力下，中国克服内外部多重挑战带来的不利影响，推动科技政策加快扎实落地，取得了一系列创新成果，向实现高水平科技自立自强、进入创新型国家前列的目标迈出了坚实步伐。

（一）科技和人才基础不断夯实

1. 全社会研发经费投入稳步增长

2022 年，中国全社会研究与试验发展经费投入首次突破 3 万亿元、接近 3.1 万亿元，比上年增长 10.1%，自"十三五"以来已连续 7 年保持两位数增长（见图 2-1）。其中，基础研究经费为 2023.5 亿元，增长 11.4%。研发经费投入强度（研发经费投入与国内生产总值之比）达到 2.54%，比上年提高 0.11 个百分点。

图 2-1　2013—2022 年中国全社会研究与试验发展经费投入及增速

资料来源：国家统计局。

2. 科技成果水平明显提升

2022 年，中国热点论文[1]世界占比持续增长，世界热点论文数量首次排名第 1 位；高被引论文数量达 4.99 万篇，比 2021 年增加 16.2%，占世界份额为 27.3%，提升近 3 个百分点，继续保持世界排名第 2 位[2]。中国发明专利申请和科技成果登记数量继续保持增长势头，2022 年中国发明专利申请数量达 161.9 万件，同比增长 2.1%；科技成果登记数量 84324 项，同比增长 7.2%（见图 2-2）。一批重大科技成果持续涌现，C919 大型客机获得型号合格证并交付首架飞机，

---

[1]　指近两年内发表、在近两个月内被引次数位于前 0.1% 的论文。

[2]　中国科学技术信息研究所：《2022 年中国科技论文统计报告》，2022 年 12 月 29 日。

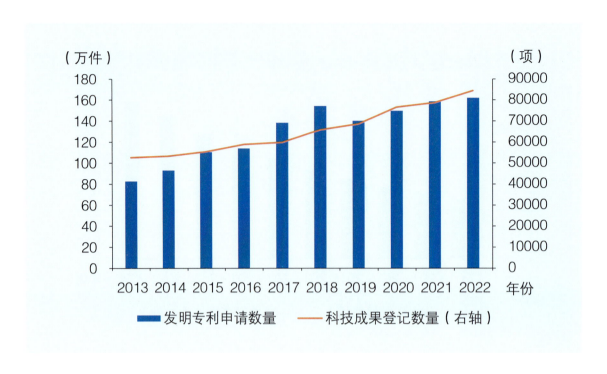

图 2-2　2013—2022 年中国发明专利申请和科技成果登记数量

资料来源：国家统计局。

ARJ21 支线客机实现百架飞机交付，中国空间站全面建成，"神舟十四号"和"神舟十五号"载人飞船、"夸父一号"太阳探测卫星成功发射，国产 10 万吨级大型渔业养殖工船交付运营，首艘自主研发的电磁弹射航母"福建舰"下水。

3. 人才供给质量持续改善

2022 年，中国研究与试验发展人员全时当量达到 635.4 万人年，同比增长 11.2%，连续多年保持世界首位。高端人才数量不断增加，2022 年内地入选全球高被引科学家数量达到 1169 人次[①]，同比增长 25.0%，连续四年保持世界第 2 位。全国共招收研究生 124.3

---

① 科睿唯安数据。

万人、比上年增长 5.6%，其中博士生 13.9 万人、硕士生 110.4 万人。国家重点研发计划参研人员中，45 岁以下的青年人员占比超过 80%。

（二）科技创新体系持续优化

总体上看，中国科技创新体系建设和科技发展进入新的阶段，为加快提升自主创新能力、实现高水平科技自立自强提供了更为有力的政策和制度保障。2022 年，中国在世界知识产权组织全球创新指数中的排名上升至第 11 位，研发经费、研发人员、基础设施等规模已处于世界前列。

1. 科技创新布局不断优化

新型举国体制进一步健全，一些影响制约国家发展全局和长远利益的重大科技问题逐步得到解决，各方力量围绕国家战略需求进行原创性引领性科技攻关的态势逐渐形成。国家科技创新基地建设发展体系布局日益完善。区域创新高地建设成效显著，北京、上海、粤港澳大湾区三大国际科技创新中心的发展引领作用更为突出，香港－深圳－广州、北京、上海－苏州已分列全球科技集群第 2、3、6 位 [①]，辐射带动泛珠三角、京津冀、长三角等区域创新能力进一步提升。一批具有战略性全局性前瞻性的国家重大科技项目加快实施，自主创新能力日益增强。科技基础能力建设持续推进，对科技自立自强的支撑作用进一步增强。

---

① 世界知识产权组织：《2022 年全球创新指数报告》，2022 年 9 月 29 日。

2. 国家战略科技力量不断增强

中国特色的国家实验室体系加快形成。国家科研机构、高水平研究型大学、科技领军企业定位和布局进一步优化，力量加快壮大。国家战略科技力量履职尽责、相互协作的机制逐渐完善，体系化创新能力得到增强。国际科技创新中心、区域科技创新中心影响力不断增强。企业科技创新主体地位进一步强化，产学研融合不断深化。

3. 科技体制改革取得新进展

保障创新发展的政策环境日趋完善，一些深层次体制机制障碍有了更大突破。科技评价改革持续深化，知识产权法治保障持续增强，支持全面创新的基础制度逐步形成。财政科技经费分配使用机制改革进一步深化，科技投入效能得到提升。科学家精神、创新文化日益深入人心，全社会创新氛围更加浓厚。

4. 科研成果国际影响力进一步提高

中国期刊国际影响力进一步增强，被国际重要检索系统收录、进入本学科前列的中国科技期刊数量上升。高水平国际合著论文数量稳步增长。国际科技交流合作卓有成效，在科技扶贫、创新创业、技术转移和空间信息服务等方面惠及了更多国家和人民，推动了"一带一路"科技创新合作实现新跃升。截至 2022 年底，中国已与 160 多个国家和地区建立科技合作关系，签订 116 个政府间科技合作协定。

（三）科技创新引领作用进一步增强

1. 科技对构建新发展格局的支撑力更强

2022 年，中国重点领域科研攻关加快推进，支撑了经济社会高质量发展。"稳态强磁场实验装置"突破、玻色子奇异金属态发现等一系列基础研究重大突破有望推动物质世界认识、产业发展向前大大迈进一步（见专栏2-1）。国家科技重大专项、"科技创新2030—重大项目"稳步实施，重点研发计划79个专项全面展开。光伏、风电装机容量以及储能、制氢规模居世界首位，"深海一号"实现1500米超深水油气田开发能力，新能源、人工智能、生物制药、绿色低碳、量子计算等前沿技术加快场景应用，新能源汽车产销量连续8年居世界第1位。

专栏2-1　2022年中国基础研究代表性成果突破

国家重大科技基础设施"稳态强磁场实验装置"创造了场强45.22万高斯的稳态强磁场，打破了已保持23年之久的45万高斯稳态强磁场的世界纪录，为物理、材料、化学、生命科学及多学科交叉研究提供了极限稳态磁场研究手段，有力支撑科研人员探索物质世界。

中国农业大学与华中农业大学联合团队在全基因组层面阐明了玉米基因KRN2和水稻基因OsKRN2趋同进化的遗传规律，不仅揭示了玉米与水稻的同源基因趋同进化从而增加玉米与水稻产量的机制，为育种提供了宝贵的遗传资源，而且为农艺性状关键控制基因的解析与育种应用以及其他优异野生植物快速再驯化或从头驯化提供了重要的理论基础。

电子科技大学电子薄膜与集成器件国家重点实验室成功突破了费米子体系的限制，首次在玻色子体系中诱导出奇异金属态，揭示了玻色子在量子临界区存在奇异的动力学行为，为理解凝聚态物理中奇异金属的物理规律、揭示奇异金属的普适性、完善量子相变理论奠定了科学基础，有望带来电子信息工业的革命性变化。

资料来源：根据公开资料整理。

2. 企业科技创新主体地位进一步强化

2022 年，更多企业发挥了出题人、答题人以及阅卷人的作用，提出科技需求、参与科技决策、牵头或参与国家科技计划项目。国家重点研发计划立项项目中，企业参与或牵头的比重接近 80%，企业研发经费投入占全社会研发经费投入比重超过 3/4。高新技术企业数量从 2021 年的 33 万家增长至 40 万家，研发经费投入占全国企业总研发经费投入的 68%，中小型科技企业数量从 2021 年的 32.8 万家增长至 50 万家，762 家企业进入全球企业研发经费投入 2500 强。企业在科技项目形成、组织和资金配置等方面的参与度和话语权不断提升，"科技—产业—金融"良性循环加快形成，提高了创新资源配置效率。

（四）现代化产业体系建设稳步推进

1. 产业基础和关键领域技术创新取得新进展

在产业基础再造工程等相关政策部署推动下，中国在核心基础零部件、基础元器件、基础材料、关键基础软件和先进基础工艺攻关方面组织实施了一批重点项目。在集成电路等关键领域初步形成了龙头企业引领、产业链上下游分工合作、产学研协同攻关的组织体系，关键核心技术攻关取得新进展。

2. 制造业高端化智能化绿色化发展迈上新台阶

中国重大技术装备攻关取得一批重大突破性成果，如国产体外膜肺氧合机实现了整机及关键零部件的突破，获证上市并投入使用。2022年高技术产业投资比上年增长18.9%。高技术制造业增加值比上年增长7.4%，高于制造业增加值增速4.4个百分点，占规模以上工业增加值的比重达15.5%；装备制造业增加值增长5.6%，占规模以上工业增加值的比重达31.8%（见图2-3）。制造业数字化智能化转型进一步加快，核心竞争力得到提升，到2022年底，全国工业企业关键工序数控化率、数字化研发设计工具普及率分别达到了59%和77%。工业互联网已经全面融入45个国民经济大类，具有影响力的工业互联网平台超过240家，为产业升级注入新动能。工业绿色低碳转型稳步推进，2022年全国万元国内生产总值能耗同比下降0.1%，万元国内生产总值二氧化碳排放下降0.8%。

3. 战略性新兴产业融合集群加快发展

2022年，在新冠疫情全球蔓延背景下，中国新一代信息技术、高端装备、新能源汽车等战略性新兴产业顶住压力不断前进，增加值占国内生产总值比重超过13%，成为拉动经济增长的重要引擎。分领域看，信息传输、软件和信息技术服务业增加值4.8万亿元，累计完成软件业务收入10.8万亿元，按可比口径同比增长11.2%。人工智能与大数据、云计算、物联网等技术融合发展，人工智能核心产业增加

（%）

图 2-3　中国高技术制造业和装备制造业增加值占
规模以上工业增加值比重变化情况

资料来源：工业和信息化部。

值达到 5080 亿元，同比增长 18%。新能源汽车产销量分别为 700.3 万辆和 688.7 万辆，同比分别增长了 90.5% 和 93.4%。光伏电池产量 3.4 亿千瓦，同比增长 46.8%。光伏产业链主要环节产量全球占比均超 过 70%。战略性新兴产业融合集群发展的态势进一步显现，涌现出一 批创新能力强、发展潜力足、产业链配套完备的战略性新兴产业集群。 截至 2022 年底，中国共创建了 66 个国家级战略性新兴产业集群、45 个国家级先进制造业集群，这些产业集群已成为产业创新的高地和区 域经济增长的引擎。

在中国全面建设社会主义现代化国家的开局之年，创新驱动高质 量发展迈出了坚实步伐，创新作为引领发展第一动力的作用进一步增强，产业体系现代化水平不断提升。但我们也要清醒认识到，中国科技水平和创新能力的提升是一项长期任务，打通科技和经济社会发展之间的通道还有很多问题要解决，未来发展仍面临诸多严峻挑战。当前来看，关键核心技术自给率不高，特别是关键基础材料、核心基础零部件元器件、先进基础工艺和基础软件等基础能力薄弱，创新动力和活力有待进一步提升，新型举国体制有待健全，深化科技体制改革仍要攻坚克难。面对国际科技创新合作难度不断加大的挑战，我们要深入贯彻落实党的二十大对加快实施创新驱动发展战略的要求，继续聚焦高水平科技自立自强，有力统筹教育、科技、人才工作，加快关键核心技术攻关，不断增强企业创新能力，抓住全球产业结构和布局调整过程中孕育的新机遇，开辟新领域、制胜新赛道，依靠创新培育壮大发展新动能。

第三章 ｜ 协调发展 ＞

协调发展注重的是解决发展不平衡问题，重在推动区域协调发展、城乡协调发展、物质文明和精神文明协调发展，正确处理发展中的各种重大关系，提高发展的整体性协调性。党的十八大以来，中国发展的协调性明显增强，但一些领域的短板依然存在。在新的发展阶段，继续推进国家现代化建设，必须进一步增强发展的协调性。2022 年，面对发展环境的变化和高质量发展提出的新要求，中国又推出一系列新的部署和举措，推动协调发展取得新成效。

一、促进区域协调发展

区域协调发展是推动高质量发展的关键支撑，是实现共同富裕的内在要求，是推进中国式现代化的重要内容。党的十八大以来，以习近平同志为核心的党中央高度重视区域协调发展，不断丰富完善区域协调发展的理念、战略和政策体系，推动区域协调发展不断取得新进展。党的二十大报告将促进区域协调发展作为推动高质量发展的重要任务，强调深入落实区域协调发展战略、区域重大战略、主体功能区战略和新型城镇化战略，优化重大生产力布局，构建优势互补、高质量发展的区域经济布局和国土空间体系。2022 年，在全面落实区域既定发展战略的基础上，又推出新的举措，进一步提升区域发展的平衡性。

（一）全面落实区域协调发展战略部署

2022 年，围绕构建优势互补、高质量发展的区域经济布局和国土空间体系，深入实施京津冀协同发展、长江经济带发展、粤港澳大湾区建设、长三角一体化发展、黄河流域生态保护和高质量发展等一系列具有全局性意义的区域重大战略，深入实施以西部大开发、东北全面振兴、中部地区加快崛起、东部地区加快推进现代化等为主要内容的区域协调发展战略，深入实施以城市化地区、农产品主产区和生态功能区为基本架构的主体功能区战略。

1. 着力推进京津冀协同发展

严格执行《北京市新增产业禁止和限制目录（2022 年版）》，深入实施非首都功能疏解整治促提升专项行动；优化提升北京城市副中心综合交通体系，加快建设北京城市副中心。加快雄安新区重点项目建设，全面建设雄安新区起步区重大基础设施，加快推动首批标志性疏解项目在雄安新区落地。加快京唐城际铁路、京滨城际铁路、津兴铁路等跨区域轨道交通基础设施建设；加快推进北京市通州区与河北省廊坊市北三县一体化高质量发展示范区建设；深化雄安新区与北京城市副中心对接协作；继续提升京津冀公共服务共建共享水平，加快京津冀产业链创新链融合发展，进一步健全京津冀生态环境联建联防联治机制。

2. 深入推进长江经济带高质量发展

2022 年，继续加强长江生态环境保护修复，持续整治长江经济带生态环境警示片披露的突出问题，实施《深入打好长江保护修复攻坚战行动方案》和《长江入河排污口整治行动方案》，持续推进长江流域重点水域禁捕工作。深入推进绿色发展示范和生态产品价值实现机制试点。加快建设长江经济带综合交通运输体系。发展战略性新兴产业集群和先进制造业集群。

3. 高水平建设粤港澳大湾区

2022 年 6 月 14 日，国务院印发《广州南沙深化面向世界的粤港澳全面合作总体方案》，加快推动广州南沙深化粤港澳全面合作，打造立足湾区、协同港澳、面向世界的重大战略性平台。全面加快建设大湾区综合性国家科学中心先行启动区，加快建设国家超级计算深圳中心（二期）、狮子洋通道项目、深中通道、黄茅海跨海通道工程等一批重大工程项目，持续推进大湾区基础设施"硬联通"和规则机制"软联通"。

4. 持续推进长三角一体化高质量发展

2022 年，建立长三角科技创新共同体联合攻关合作机制，启动建设全国一体化算力网络国家枢纽节点，加快建设 G60 科创走廊、沿沪宁产业创新带，进一步深化长三角科技创新与产业融合。继续实施《长三角生态绿色一体化发展示范区重大建设项目三年行动计划（2021—2023 年）》，拓展制度创新重点领域。继续加大上海自贸试验区临港新片区重点领域的开放压力测试力度。加快建设通苏嘉甬高铁、合肥综合性国家科学中心、太湖流域水资源综合治理工程等重大项目，推动长三角地区基础设施、生态环境治理和公共服务等方面的一体化。

5. 有力推动黄河流域生态保护和高质量发展

2022 年，加快落实《黄河流域生态保护和高质量发展规划纲要》，沿黄省区印发并实施省级黄河流域生态保护和高质量发展规划，相关部委印发黄河流域生态环境保护、水安全保障等专项规划，制定出台黄河流域湿地保护修复、水资源节约集约利用等方面的配套政策措施，加快构建黄河流域"1+N+X"规划政策体系[①]。颁布《中华人民共和国黄河保护法》。生态环境部联合其他部委就河湖生态保护治理、减污降碳协同增效、城镇环境治理设施补短板、农业农村环境治理和生态保护修复等方面部署黄河生态保护治理重点攻坚五大行动。

6. 积极推动西部大开发打开新局面

2022年，加快实施《"十四五"推进西部陆海新通道高质量建设实施方案》，推动"一带"与"一路"在中国西部地区的连接与贯通。全面落实成渝地区双城经济圈建设规划，加快建设成渝中线高铁等重大基础设施网络项目和万达开川渝统筹发展示范区等毗邻地区功能平台，推动成渝地区双城经济圈"双核"联动联建。支持贵州在新时代西部大开发上闯新路。加快把云南建设成中国面向南亚、东南亚的辐射中心。推进建设新时代壮美广西。启动实施甘肃生态及地质灾害避险搬迁等项目，加快构筑国家西部生态安全屏障。加快建设白鹤滩至江苏±800千伏特高压直流输电工程等输电通道工程，增强西部地区能源资源安全保障能力。

7. 推动东北全面振兴

2022年，出台支持东北地区振兴发展系列专项实施方案。辽宁深入实施结构调整"三篇大文章"三年行动方案，推动工业率先振兴；

[①] 这里的"1"指的是《黄河流域生态保护和高质量发展规划纲要》，"N"指的是省级规划和各专项规划，"X"指的是相关配套政策。

同时以优化营商环境为突破口全面深化体制机制改革，聚力推动辽宁沿海经济带高质量发展。吉林实施促进工业经济平稳增长行动方案，从财政税费、金融信贷、保供稳价、精准投资等方面出台并实施100条促进工业平稳增长的政策举措。黑龙江实施产业振兴行动计划，培育壮大航空航天、电子信息、新材料、高端装备、农机装备等5个战略性新兴产业，增强产业发展新动能。

8. 促进中部地区加快崛起

2022年，深入落实《中共中央 国务院关于新时代推动中部地区高质量发展的意见》，推动《长江中游城市群发展"十四五"实施方案》加快落地，依托中心城市加快打造武汉都市圈、建设长株潭都市圈和培育南昌都市圈，强化三圈联动，提升长江中游城市群集聚能力和辐射带动能力，加快建设中原城市群。

9. 鼓励东部地区加快推进现代化

2022年，加快落实《中共中央 国务院关于支持浦东新区高水平改革开放 打造社会主义现代化建设引领区的意见》，促进引领区与自贸试验区联动协同、一体推进。加快推进综合改革试点，稳步推进深圳建设中国特色社会主义先行示范区。以探索一批共同富裕机制性制度性创新模式和谋划一批重大改革方案为重点，持续推进浙江高质量建设共同富裕示范区。建设海峡两岸乡村融合发展试验区，接续推进闽台融合发展。2022年9月，国务院印发《关于支持山东深化新旧动能转换推动绿色低碳高质量发展的意见》，支持山东着力探索绿色低碳转型发展之路。

10. 支持特殊类型地区加快发展

2021年9月，国务院批复国家发展改革委制定的《"十四五"特殊类型地区振兴发展规划》，旨在通过规划的实施，更好解决以脱贫地区为重点的欠发达地区、革命老区、边境地区、生态退化地区、资源型地区、老工业城市等特殊类型地区的自身困难，持续增强内生发展动力，不断增进民生福祉，开拓振兴发展新局面。2022年各部门各方面加紧落实这一规划。各省、自治区、直辖市陆续出台"十四五"特殊类型地区振兴发展规划。

11. 进一步完善主体功能区制度

2022年，中共中央、国务院印发《全国国土空间规划纲要（2021—2035年）》，将主体功能区规划、土地利用规划、城乡规划等空间规划融合为统一的国土空间规划，实现"多规合一"，完成全国"三区三线"的划定工作，解决规划类型过多、内容重叠冲突等问题，使主体功能区战略能够得到更好落实。

（二）区域协调发展取得的新成就

1. 京津冀协同发展水平进一步提升

截至2022年底，雄安新区累计开工实施240个重点项目，完成总投资5100多亿元，建筑总面积已达4100多万平方米。北京城市副中心高质量发展蹄疾步稳，连续3年保持每年千亿元以上投资强度。"轨道上的京津冀"更加便捷，铁路营业里程超过1万千米，京津冀核心区1小时交通圈、相邻城市间1.5小时交通圈基本形成。

2. 长江经济带高质量发展取得新进展

2022年，长江经济带经济总量达到56万亿元。生态环境保护机制不断完善，生态系统多样性、稳定性、持续性提升；综合运输大通道加速形成，2022 年长江干线港口货物吞吐量达 35.9 亿吨，三峡枢纽航运通过量达 1.6 亿吨，均创历史新高[①]。2022 年 7 月，位于长江上游的白鹤滩水电站全部机组投产发电。白鹤滩水电站总装机容量达 1600 万千瓦，排在全球第二位，与三峡、葛洲坝以及金沙江乌东德、溪洛渡、向家坝水电站一起，构成世界最大的清洁能源走廊。

3. 粤港澳大湾区建设加快推进

截至 2022 年 12 月，粤港澳大湾区城市群的铁路运营里程已超过 2400 千米，"澳车北上"政策正式施行，大湾区基本实现内地与港澳间 1 小时通达。2022 年大湾区城际日均出行量达 542 万人次。三地在政策、制度和法律方面的协调性不断增强。截至 2022 年底，已开通莲塘 / 香园围口岸、新横琴口岸、青茂口岸，已实施"一地两检""合作查验、一次放行"等便利通关模式，已落地"深港通""跨境理财通"等各类"金融通"试点。

4. 长三角高质量一体化发展成效明显

2022 年，长三角区域经济总量达到 29 万亿元，接近全国 GDP 的 1/4，比 2021 年增加 1.4 万亿元。高铁运营里程超过 6600 千米，高速铁路已覆盖三省一市 95% 的设区市；上海、南京、杭州、合肥等城市间基本实现铁路公交化运营；实现陆域县县通高速公路；新开通 12 条省际毗邻公交线路。长三角生态绿色一体化发展示范区制度创新成果显现，全年新推出制度创新成果 39 项，其中 38 项已面向全国复制推广。

---

① 交通运输部：《2022 年水路运输市场发展情况和 2023 年市场展望》，2023 年 3 月 21 日。

5. 黄河流域生态保护和高质量发展成果显现

水资源节约利用水平稳步提升，黄河彻底摆脱断流危机。黄河区[1]万元国内生产总值用水量由 2021 年的 44.6 立方米下降至 2022 年的 41.4 立方米，万元工业增加值用水量由 2021 年的 13.9 立方米下降至 2022 年的 10.9 立方米[2]。流域水质持续改善。2022 年，黄河流域地表水 I~III 类断面比例达到 87.5%，同比提高 5.6 个百分点；黄河干流首次全线达到 II 类水质。

6. 区域发展协调性进一步提升

地区生产总值方面，2022 年中部和西部地区占比分别比 2021 年提升 0.1 个和 0.3 个百分点。从固定资产投资看，2022 年中西部地区固定资产投资增速分别比东部地区高 5.3 个和 1.1 个百分点。对外贸易方面，2022 年中部和西部地区出口占比分别比 2021 年提升 1.1 个和 0.6 个百分点。人均地区生产总值差异水平方面，人口加权的人均地区生产总值变异系数由 2021 年的 0.374 下降至 2022 年的 0.367；不考虑直辖市，人均地区生产总值最高的省（自治区）与最低的省（自治区）之比由 2021 年的 3.3 下降至 2022 年的 3.2（见图 3-1）。

当然，目前区域协调发展还存在一些问题。东西部地区发展绝对差距仍然较大，北方部分地区经济发展活力不足，特殊类型地区振兴发展仍有困难，区域不合理竞争现象仍然存在，区域生产力布局调整任务艰巨，区域发展的协调性还需进一步提升。

---

① 根据《中国水资源公报》，全国被划分为 10 个水资源一级区，即松花江区、辽河区、海河区、黄河区、淮河区、西北诸河区、长江区（含太湖流域）、东南诸河区、珠江区、西南诸河区。这里的黄河区与黄河流域的范畴不完全一致。

② 水利部 2023 年 6 月 29 日发布的《中国水资源公报》数据。另外，比较未剔除价格因素的影响。

图 3-1　中国人均地区生产总值差异的变化

资料来源：万得（Wind）。

二、推进城乡融合发展

习近平总书记指出，"我国发展最大的不平衡是城乡发展不平衡，最大的不充分是农村发展不充分"[①]。党的十八大以来，以习近平同志为核心的党中央从全局和战略高度把握和处理工农关系、城乡关系，采取一系列举措推动乡村振兴，促进城乡融合发展。党的二十大又对促进城乡融合发展作出了部署，提出全面推进乡村振兴，强调坚持农

---

① 习近平：《论"三农"工作》，中央文献出版社，2022，第 274-282 页。

业农村优先发展，坚持城乡融合发展，畅通城乡要素流动。2022 年，受疫情蔓延、经济下行压力增大的影响，部分脱贫农户返贫风险增加。应对这一局面，中国继续巩固拓展脱贫攻坚成果，坚决守住不发生规模性返贫的底线，同时加快推进县域内城乡融合发展，着力加强乡村建设，不断夯实城乡协调发展的基石。

（一）推进城乡融合发展的战略和举措

1. 全面巩固拓展脱贫攻坚成果

2022 年中央一号文件《中共中央　国务院关于做好 2022 年全面推进乡村振兴重点工作的意见》中明确将"不发生规模性返贫"作为做好 2022 年"三农"工作必须牢牢守住的两条"底线"之一。为此，多措并举全面巩固拓展脱贫攻坚成果。健全防止返贫动态监测体系和强化帮扶工作。通过个人申报、干部走访、部门筛查预警等方式开展常态化监测，精准确定监测对象，将有返贫致贫风险和突发严重困难的农户纳入监测范围。针对因灾因病因疫等返贫问题，及时落实社会救助、医疗保障等帮扶措施。稳定脱贫劳动力就业。压实就业帮扶责任，深化东西部劳务协作，确保脱贫劳动力就业规模稳定。延续支持就业帮扶车间发展的优惠政策和乡村公益岗位政策，发布《关于在重点工程项目中大力实施以工代赈促进当地群众就业增收工作方案》，将以工代赈的实施范围由聚焦农业农村建设的小项目扩大到重点工程项目，充分发挥以工代赈在稳定脱贫劳动力就地就业中的作用。

2. 大力推进乡村建设

乡村建设是实施乡村振兴战略的重要任务，也是城乡融合发展的必要支撑。2022 年 5 月，中共中央办公厅、国务院办公厅印发《乡村建设行动实施方案》，确立乡村建设的工作导向，就道路、供水、能源、物流、信息化、人居环境等重点领域作出部署，把乡村建设摆在社会主义现代化建设的重要位置。促进乡村振兴，必须建立健全任务落实机制，强化责任担当。2022 年 11 月，中共中央办公厅、国务院办公厅印发《乡村振兴责任制实施办法》，以责任落实推动政策落实和工作落实。一是明确中央和国家机关有关部门的乡村振兴职责，并分级确定省、市、县、乡、村五级的具体责任要求。二是进一步健全乡村振兴组织推动、社会动员、要素保障、考核评价、工作报告、监督检查等一揽子推进机制，督促各级党委和政府切实落实乡村振兴重点任务，特别是为强化地方党委和政府落实乡村振兴责任提供了"指挥棒"，从而为凝聚合力推进乡村振兴提供了体制机制保障。

3. 继续推进农业转移人口市民化

2022 年，国务院批复同意的《"十四五"新型城镇化实施方案》强调坚持把推进农业转移人口市民化作为新型城镇化首要任务，提高农业转移人口市民化质量，深入推进新型城镇化建设。为进一步推进农业转移人口市民化，采取如下重要举措。一是针对存量未落户人口深化户籍制度改革。全面取消城区常住人口 300 万以下城市落户限制，确保外地与本地农业转移人口进城落户标准一视同仁。全面放宽城区常住人口 300 万至 500 万的 I 型大城市落户条件。完善城区常住人口 500 万以上的超大特大城市积分落户政策。二是建立基本公共服务同常住人口挂钩、由常住地供给的机制。提高非户籍常住人口在流入地享有的基本公共服务项目数量和水平，推动城镇基本公共服务常住人口全覆盖。三是促进农业转移人口在城镇稳定就业。推动公共实训基地共建共享，支持职业技能培训线上平台建设，持续大规模开展面向新生代农民工等的职业技能培训，扩大职业院校面向农业转移人口的招生规模，探索通过技能水平测试等对农民工进行学历教育和学分认定，不断提高农业转移人口劳动技能素质。

4. 培育发展现代化都市圈和加快转变超大特大城市发展方式

健全省级统筹、中心城市牵头、周边城市协同的都市圈同城化推进机制。支持有条件的都市圈科学规划多层次轨道交通，统筹建设城际铁路和市域（郊）铁路，打造高效通勤网络。推动中心城区人口密度高且人口持续流入的超大特大城市有序疏解非核心功能，加快提高超大特大城市健康宜居安全水平。

5. 实施城市更新行动

将实施城市更新行动作为推动城市高质量发展的重大战略举措。加快改造城镇老旧小区，支持加装电梯等设施，推进无障碍环境建设和公共设施适老化改造，改造一批大型老旧厂区、老旧街区和城中村。加强住房供应保障。以人口净流入的大城市为重点，扩大保障性租赁住房供给。开展燃气、供水、排水、供热等老化管道及设施更新改造。提升城市智慧化、绿色低碳化水平。

6. 推进以县城为重要载体的城镇化建设

中国县域覆盖了近一半人口，把县城作为重要载体推进城镇化，可以更好地统筹城乡资源开发、产业布局、基础设施建设和公共服务供给。2022 年 5 月，中共中央办公厅、国务院办公厅印发《关于推进以县城为重要载体的城镇化建设的意见》，明确以县城为重要载体的城镇化建设目标，提出以县域为基本单元推进城乡融合发展的工作要求，强调要发挥县城连接城市、服务乡村的作用，增强对乡村的辐射带动能力，推进城镇基础设施向乡村延伸、公共服务和社会事业向乡村覆盖。

（二）城乡融合发展取得的新进展

2022 年，通过巩固拓展脱贫攻坚成果、扎实有序做好乡村建设、推进农业转移人口市民化等重点工作，城乡融合发展有了新进展。

1. 脱贫攻坚成果得到进一步巩固拓展

有返贫致贫风险的农户实现应纳尽纳、应帮尽帮，超过 65.3% 的监测对象已消除返贫风险。全年脱贫劳动力务工就业人数达到 3278 万，比 2021 年底增加 133 万人，超过年度目标任务 259 万人。2022 年，脱贫人口人均纯收入达到 14342 元，同比增长 14.3%，高出全国农村居民人均可支配收入增速 8 个百分点；全年脱贫县农村居民人均可支配收入 15111 元，比上年增长 7.5%，明显高于城镇居民和农村居民人均可支配收入平均增速。

2. 乡村基础设施和公共服务能力建设稳步推进

全年新建改建农村公路超过 18 万千米，改造农村危桥 10589 座，现有行政村实现"村村通宽带"。村庄布局、生态环境建设、文化保护和传承、乡村治理等方面取得新成就。全国农村卫生厕所普及率超过 73%，农村生活垃圾进行收运处理的自然村比例达 91%[①]。乡村治理效能不断增强，累计创建全国乡村治理示范乡镇 199 个、示范村1992 个。

3. 城乡居民生活水平差距继续缩小

2022 年，农村居民人均可支配收入增速比城镇居民高 2.3 个百分点，城乡居民人均可支配收入比值为 2.45，比上年缩小 0.05；城乡居民人均消费支出比值为 1.83，比上年缩小 0.07（见图 3-2）；城镇居

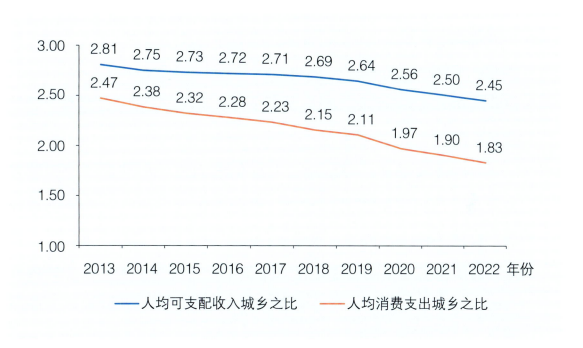

图 3-2　城乡居民人均可支配收入和消费支出情况

资料来源：万得（Wind）。

---

① 中国农业科学院、中国农业绿色发展研究会：《中国农业绿色发展报告2022》，2023 年6 月 7 日。

民恩格尔系数为 29.5%，农村为 33.0%，城乡居民恩格尔系数相差 3.5 个百分点，比上年缩小 0.6 个百分点。

4. 新型城镇化建设取得新成效

2022 年末，全国常住人口城镇化率为 65.22%，比上年提高 0.50 个百分点。城镇人口总规模达到 92071 万，比上年增加 646 万，又有数以百万计的乡村人口成为城市常住人口。一批都市圈有序培育，超大城市发展方式转变稳步推进。2022 年全国新开工改造城镇老旧小区 5.3 万个 876 万户，开工实施城市燃气、供水、排水、供热等管道老化更新改造项目 1.7 万个，新建和改造城市污水管网 2.2 万千米，城市地下综合管廊加快建设。同时，城乡基础设施一体化水平有所提高，市政供水供气供热管网不断向城郊乡村及规模较大的乡镇延伸，客运公交线路不断深入广袤乡村。

同时还要看到，城乡融合发展仍然面临一些问题。中国城乡差距与发达国家相比仍然较高，部分脱贫人口的收入水平仍然较低，农村基础设施和公共服务还存在不少短板，道路交通、供水供电、通信物流等基础设施建设水平仍落后于城镇，大量农业转移人口尚未完全融入城市，城乡融合发展仍然面临一些体制机制方面的障碍。

三、推动物质文明和精神文明协调发展

物质文明和精神文明相协调是中国式现代化的五大特色之一，也是中国式现代化的重要目标追求。中国共产党历来重视精神文明建设，认为物质贫困不是社会主义，精神贫乏也不是社会主义。党的二十大报告将"丰富人民精神世界""创造人类文明新形态"列入中国式现代化的本质要求；强调要推进文化自信自强，坚持中国特色社会主义文化发展道路，要发展面向现代化、面向世界、面向未来的，民族的科学的大众的社会主义文化，增强实现中华民族伟大复兴的精神力量；强调要坚持马克思主义在意识形态领域指导地位的根本制度，坚持为人民服务、为社会主义服务，坚持百花齐放、百家争鸣，坚持创造性转化、创新性发展，以社会主义核心价值观为引领，发展社会主义先进文化，弘扬革命文化，传承中华优秀传统文化，不断提升国家文化软实力和中华文化影响力。2022 年，中国坚持以习近平新时代中国特色社会主义思想为指导，进一步加强精神文明建设，推动物质文明和精神文明协调发展。

（一）推动精神文明建设的主要举措

1. 加快构建中国特色哲学社会科学

2022 年 4 月 25 日，习近平总书记在中国人民大学考察时指出，加快构建中国特色哲学社会科学，归根结底是建构中国自主的知识体系。要以中国为观照、以时代为观照，立足中国实际，解决中国问题，不断推动中华优秀传统文化创造性转化、创新性发展，不断推进知识创新、理论创新、方法创新，使中国特色哲学社会科学真正屹立于世界学术之林[①]。2022 年，充分发挥马克思主义理论研究和建设工

[①] 《坚持党的领导传承红色基因扎根中国大地 走出一条建设中国特色世界一流大学新路》，《人民日报》2022 年 4 月 26 日第 1 版。

程、中国特色社会主义理论体系研究中心、马克思主义学院等理论研究平台的作用，深化拓展马克思主义理论研究，进一步巩固马克思主义在哲学社会科学领域的指导地位。中共中央宣传部和教育部联合开展"面向 2035 高校哲学社会科学高质量发展行动"，打造"高校哲学社会科学繁荣计划"升级版，提出要以体系构建为主线，将党的创新理论引领贯穿中国特色哲学社会科学各学科知识体系，构建适应国家需求支撑知识创新的学科体系；传承发展中华优秀传统文化，构建有效提升国家文化软实力的学术体系；推进学术话语的大众传播，强化中国话语的国际传播，构建融通中外、开放自信的话语体系。

2. 推动中华优秀传统文化创造性转化、创新性发展

2022 年，统筹推进夏文化、长江中游地区文明化进程等 18 项"考古中国"重大项目，全面实施 254 项主动性考古发掘项目。召开全国文物工作会议，确定"保护第一、加强管理、挖掘价值、有效利用、让文物活起来"的新时代文物工作方针。建立了 26416 处全国省级文物保护单位名录，公布第一批 1658 通（方）古代名碑名刻文物名录。加强名城名镇名村、历史文化街区、风景名胜区、老字号文物保护，扎实推进北京中轴线申遗保护。推动中华古文字传承创新，举办"甲骨文推广公益项目"等活动，推动以甲骨文为代表的中国传统文化传播。中共中央办公厅、国务院办公厅印发《关于推进新时代古籍工作的意见》，加强古籍抢救保护、整理研究和出版利用，促进古籍事业发展。推介 2022 年度"弘扬中华优秀传统文化、培育社会主义核心价值观"主题展览和 2022 年度"中华文物全媒体传播精品（新媒体）"项目。继续推动中华典籍、民族传统音乐等出版。举办第

七届中国非物质文化遗产（以下简称"非遗"）博览会，组织 2022 年"文化和自然遗产日"非遗宣传展示活动。

3. 推进文化文艺精品创作

2021 年 12 月 14 日，习近平总书记在中国文联第十一次全国代表大会、中国作协第十次全国代表大会开幕式上讲话时指出，文化是民族的精神命脉，文艺是时代的号角[①]。2022 年，推进实施新时代现实题材创作工程、历史题材创作工程、全国舞台艺术优秀节目创作扶持计划、国家主题性美术创作项目等创作工程。举办庆祝中国共产党成立 101 周年交响音乐会、第十三届中国艺术节等大型文化活动。开展第十六届精神文明建设"五个一工程"奖、第十七届"文华奖"、第 31 届中国电视金鹰奖、第 35 届中国电影金鸡奖、第八届鲁迅文学奖等重要奖项的评选活动，激励优秀文艺作品的创作。搭建展演展示平台，举办首届黄河流域戏曲演出季、2022 年戏曲百戏（昆山）盛典等多项展演展示活动。坚持线上线下融合、演出演播并举，举办《文艺中国 2022 年新春特别节目》等线上文艺演出。

4. 推动文化产业高质量发展

为加快疫情持续影响下文化产业的复苏，国家出台一系列振兴文化行业的政策，提振文旅市场信心，如《关于促进服务业领域困难行业恢复发展的若干政策》《关于扩大阶段性缓缴社会保险费政策实施范围等问题的通知》《关于金融支持文化和旅游行业恢复发展的通知》等。同时，实施"文化产业园区携行计划"，推动区域文化产业

---

① 《展示中国文艺新气象 铸就中华文化新辉煌——习近平总书记在中国文联十一大、中国作协十大开幕式上的重要讲话为新时代文艺工作指明前进方向》，新华社，2021 年 12 月 15 日。

协同发展。推进数字文化产业快速发展，推动 5G、超高清等技术广泛应用，推动国有文艺院团开发《抗战中的文艺》线上演播等项目。推进实施国家文化数字化战略，资助 14 个重点实验室研究项目推进实施文化领域国家重点研发计划，评定发布"长安十二时辰＋大唐不夜城"唐文化全景展示创新实践、"建筑可阅读"——上海文旅融合创新实践、舞蹈诗剧《只此青绿》的创新实践三项文化和旅游最佳创新成果。举办第十八届中国（深圳）国际文化产业博览交易会。筹划建设一批新的国家对外文化贸易基地，修订文化产品和服务进出口统计目录、鼓励外商投资产业目录等，推进对外文化贸易高质量发展。

5. 进一步提高公共文化服务水平

2022 年，围绕《国家基本公共服务标准（2021 年版）》中关于公共文化服务的相关标准和要求，推动公共服务效能有效提升。建设全国智慧图书馆体系，采取线上线下相结合的方式，为读者提供优质服务。推广文化馆图书馆总分馆制建设模式，探索城乡新型公共文化空间建设。面向文化馆系统组织实施公共文化云建设项目，进一步提升全民艺术普及数字化服务水平。举办 2022 年全国公共文化产品云上采购大会和区域性"文采会"。推出 91 个具有区域影响力的"中国民间文化艺术之乡"典型范例。深入推进"春雨工程""文化悦老""文化筑梦""文化助残"等志愿服务行动。

（二）精神文明建设取得的新成效

1. 中华优秀传统文化传承和发展取得新进展

中华文明探源工程稳步推进，核心遗址田野考古工作取得突破，旧石器考古与人类起源、史前文明化进程与夏商早期国家、城市考古、边疆考古等重点领域取得突破性进展。古文字与中华文明传承发展工程重大标志性成果《甲骨文摹本大系》出版发布。2022 年 7 月 30 日，担负赓续中华文脉、坚定文化自信、展示大国形象、推动文明对话重要使命的中国国家版本馆正式开馆。长城、大运河、长征、黄河、长江国家文化公园建设有序推进。非遗系统性保护水平不断提升，非遗在全社会的影响进一步扩大。推动"中国传统制茶技艺及其相关习俗"成功列入联合国教科文组织人类非遗代表作名录。以中国传统文化为主题的书画、传统工艺、非遗等方面的短视频节目层出不穷，"古籍热""非遗热""考古热""博物馆热"已然成势。

2. 文化文艺精品不断涌现

影视、戏剧、文学、美术等各领域涌现出《人世间》《长津湖之水门桥》《瞿秋白》等一批文艺精品佳作。网络纪录片《足迹·2022》《这十年》《国医有方》、网络综艺节目《中国梦·我的梦——2022 中国网络视听年度盛典》、网络剧《血战松毛岭》、网络电影《特级英雄黄继光》《勇士连》等一批优秀的网络视听作品成功推出。全年全国艺术表演团体共演出 166.1 万场，其中开展线上演出展播 7.6 万场次。全年共举办美术展览 7544 次，比上年增长 0.2%，参观人次 3588.9 万，同比增长 2.1%。

3. 文化产业保持增长态势

2022 年，规模以上文化企业营业收入超过 12 万亿元，按可比口径计算，比上年增长 0.9%。以数字化、网络化、智能化为主要特征的文化新业态行业快速发展，引领和推动中国文化产业的高质量发展。文化新业态行业营业收入占全部规模以上文化企业营业收入的 36.0%，占比较上年提高 1.5 个百分点。其中，数字出版、娱乐用智能无人飞行器制造、互联网文化娱乐平台、增值电信文化服务和可穿戴智能文化设备制造等新业态增长较快，增速分别达到 30.3%、21.6%、18.6%、16.9% 和 10.2%。

4. 公共文化服务能力和质量进一步提高

2022 年末，全国共有公共图书馆 3303 个，比上年增长 2.7%。全国平均每万人公共图书馆建筑面积 148.6 平方米，比上年增长 9.7%。全国公共图书馆总藏量 135959 万册，比上年增加 9781 万册。阅览室坐席数 155 万个，比上年增长 15.4%。全国人均图书藏量 0.96 册，比上年增长 7.9%。全国公共图书馆书刊文献外借 60719 万册次，比上年增加 1989 万册次；外借人次 24894 万，比上年增加 1085 万。2022 年末，全国共有群众文化机构 45623 个，比上年增长 4.8%。全年全国群众文化机构共组织开展各类文化活动 270.7 万场次，比上年增加 18.6 万场次；服务 95922 万人次，比上年增加 12633 万人次。群众文化活动创新开展，举办全国"村晚"示范展示活动 1.2 万场，参与群众达 1.18 亿人次 [1]。

同时要看到，精神文化产品还不够丰富，一些产品的质量还不够

---

[1] 文化和旅游部：《2022 年文化和旅游发展统计公报》，2023 年 7 月 13 日。

高，文化产业规模还不够大、结构还不够优化，公共文化服务覆盖面还不够广，对外文化传播影响力还不够强，精神文明建设还需要进一步加强。

综合来看，2022 年中国发展的整体性、协调性进一步提升。面向未来，中国协调发展的任务依然艰巨繁重。在现代化新征程中，要全面落实党的二十大精神，完整、准确、全面贯彻新发展理念，坚持系统观念，更好协调各方面关系，推动协调发展不断取得新进展。

第四章 | 绿色发展

绿色发展注重解决人与自然和谐共生问题。党的十八大以来，在习近平生态文明思想指引下，中国生态文明建设从理论到实践都发生了历史性、转折性、全局性变化，美丽中国建设迈出重大步伐。2022 年，在落实疫情要防住、经济要稳住、发展要安全的要求下，中国牢牢守住和践行绿水青山就是金山银山的理念，加快推动发展方式绿色转型、深入推进环境污染防治、科学开展生态系统保护修复、积极稳妥推进碳达峰碳中和，绿色发展取得丰富的思想成果、制度成果和实践成果。

一、推动绿色发展的时代要求

中国推动绿色发展，是实现自身永续发展的必然要求，也是保护地球家园、展现大国担当的必然选择。2022 年，中国在推动降碳、减污、扩绿、增长的过程中面临的国际竞争压力在加大，同时绿色低碳转型也为中国带来机遇。

（一）全球绿色转型对中国绿色发展提出更高要求

2022 年，全球极端气候事件频发，生态破坏和环境污染严重影响人类福祉，应对气候变化问题从生态环境领域的专门议题深刻演变为更加复杂的国际政治议题。叠加世纪疫情和乌克兰危机等突发事件，国际社会寻求绿色复苏变得更加迫切。一方面，主要发达经济体为建立绿色低碳产业的全球竞争优势，纷纷出台政策，支持本国本地区绿色低碳产业发展。2022年，美国通过并实施《通胀削减法案》，计划在新能源、电动车、氢能等领域投资3690亿美元，推动美国经济向低碳、净零排放转型；欧盟在绿色新政框架下，推出可持续产品生态设计的多项相关法规；日本公布"绿色转型"基本方针，在未来十年内将为氢、碳捕集和电动汽车产业提供超过1万亿美元的公私融资机会。主要发达经济体刺激本国本地区绿色低碳产业，将与中国在国际市场形成更大竞争。另一方面，虽然中国在降低排放方面付出艰苦努力并作出了巨大贡献，但国际社会仍然期待中国承担更多碳减排责任。一些发达国家在全球舆论和国际气候谈判中要求中国提前达峰并加快管控甲烷等温室气体排放，广大发展中国家期待中国能为之争取更多利益。

（二）中国统筹经济发展和生态环境保护面临新挑战

欧美国家从碳达峰到碳中和一般有50~70年过渡期，而中国只有30年。中国在实现现代化的进程中，要同步实现碳达峰碳中和，这在人类历史上前所未有。中国正处于工业化中后期，产业结构偏重、能源结构偏煤、资源效率偏低的结构性局限仍明显，生态环境质量持续改善的基础不牢固，推动减污降碳协同增效触及的矛盾和问题也更深更多。2022年，中国地方政府稳增长、保民生迫切，以往存在的重视经济发展而轻视环境保护的做法在局部有所反弹。一些企业为压缩成本，放松环境污染治理。2022年，煤炭价格高企，加之高温干旱天气，水电等可再生能源出力受限，局部地区出现限电现象，影响了正常生产和生活秩序，可再生能源不稳定性和脆弱性使得能源绿色低碳转型和能源安全供给之间的矛盾凸显。2022年，受国际地缘政治事件波及，一些关键矿产价格出现飙升，中国新能源产业发展受到影响。中国绿色发展面临更多不确定性因素的影响。

（三）中国绿色发展面临新机遇

中国坚持绿水青山就是金山银山的理念，久久为功推动绿色发展，在显著改善生态环境质量的同时，也形成了绿色低碳发展新赛道的竞争优势。中国成为推动全球绿色低碳技术创新的重要力量，2016—2022 年中国绿色低碳专利授权量年均增长 9.3%，除中国以外全球其他国家（地区）为负增长（-1.9%）[1]。2022 年，中国可再生能源继续保持全球领先地位，是全球最大的可再生能源产品生产国和消费国；中国电动汽车销量约占全球电动汽车销量的 60%，位居全球第一[2]。以新能源、电动汽车为代表的绿色低碳产业，成为中国经济新增长点。中国为全球提供了平价的绿色低碳产品，降低了全球绿色低碳转型成本，为全球绿色低碳转型作出重要贡献。

---

[1] 国家知识产权局：《2023 年全球绿色低碳技术专利统计分析报告》，2023 年 5 月 31 日。
[2] 国际能源署（IEA）：*Global EV Outlook 2023*，2023 年 4 月 26 日。

二、推动绿色发展的思路、部署和举措

2021 年 12 月中央经济工作会议强调，实现碳达峰碳中和是推动高质量发展的内在要求，要坚定不移推进，但不可能毕其功于一役。党的二十大明确提出，中国式现代化是人与自然和谐共生的现代化，要站在人与自然和谐共生的高度谋划发展。2022 年，中国坚持生态优先、绿色发展，坚持问题导向和目标导向，提出推动绿色发展的新思路、新部署、新举措，推动绿色发展理论和实践不断创新。

（一）扎实推动发展方式绿色转型

2022 年，习近平生态文明思想进一步强调坚持绿色发展是发展观的深刻革命[①]。经济发展要按照统筹人与自然和谐发展的要求，从"有没有"转向发展"好不好"和质量"高不高"。党的二十大对加快发展方式绿色转型作出部署，强调推动经济社会发展绿色化、低碳化是实现高质量发展的关键环节，提出"实施全面节约战略，推进各类资源节约集约利用""完善支持绿色发展的财税、金融、投资、价格政策和标准体系，发展绿色低碳产业，健全资源环境要素市场化配置体系""倡导绿色消费"等具体要求。2022 年，为贯彻落实中央关于加

---

① 中共中央宣传部、中华人民共和国生态环境部：《习近平生态文明思想学习纲要》，学习出版社、人民出版社，2022，第 2 页。

快发展方式绿色转型的战略决策部署，一系列政策出台，将政府与市场的力量有机结合。

1. 完善支撑绿色发展的价格机制和要素交易机制

节约资源是中国的基本国策，中国坚持把节约资源贯穿于经济社会发展全过程、各领域。近年来，中国加快建立健全绿色低碳循环发展经济体系，建立和完善市场配置资源的机制，提高资源配置效率[①]。2022 年，中央全面深化改革委员会第二十七次会议审议通过《关于全面加强资源节约工作的意见》，提出要综合运用好市场化、法治化手段，加快建立体现资源稀缺程度、生态损害成本、环境污染代价的资源价格形成机制，提高能源、水、粮食、土地、矿产、原材料等资源利用效率，加快资源利用方式根本转变。这是完整、准确、全面贯彻新发展理念的重要举措。2022 年，中国出台建立健全绿色要素交易机制的政策举措。启动要素市场化配置综合改革试点工作，提出构建绿色要素交易机制[②]，健全碳排放权、排污权、用能权、用水权等交易机制。鼓励有条件的地区扩大排污权交易试点范围[③]，培育和发展全国统一的生态环境市场[④]。

2. 构建市场导向的绿色技术创新体系

绿色技术是绿色低碳发展的关键支撑。2022 年，中国出台绿色技

[①] 国务院:《国务院关于加快建立健全绿色低碳循环发展经济体系的指导意见》（国发〔2021〕4 号），2021 年 2 月 2 日。

[②] 国务院办公厅:《国务院办公厅关于印发要素市场化配置综合改革试点总体方案的通知》（国办发〔2021〕51 号），2021 年 12 月 21 日。

[③] 国务院:《国务院关于印发"十四五"节能减排综合工作方案的通知》（国发〔2021〕33 号），2021 年 12 月 28 日。

[④] 中共中央、国务院:《中共中央 国务院关于加快建设全国统一大市场的意见》（中发〔2022〕14 号），2022 年 4 月 10 日。

术创新体系实施方案[①]，在绿色创新需求、绿色技术创新、绿色技术交易、绿色技术应用等环节提出重点任务。特别强调要充分利用市场化手段，发挥市场在绿色技术创新中的主导作用，增强市场在配置资源和连接创新各环节中的功能，吸引创新要素向绿色领域集聚，加快推动形成绿色技术创新新格局。

3. 完善绿色消费政策体系

促进绿色消费是消费领域的一场深刻变革，中国推动绿色理念深度融入消费的各领域、全周期、全链条、全体系。2022年，中国将绿色消费作为扩大内需、释放消费潜力的重要方面。中共中央、国务院印发《扩大内需战略规划纲要（2022—2035年）》，提出发展绿色低碳消费市场，建立健全绿色产品标准、标识、认证体系和生态产品价值实现机制。在释放消费潜力、促进消费持续恢复的专门政策文件中[②]，提出要加大绿色低碳产品采购力度，鼓励有条件的地区对绿色智能家电、绿色建材、节能产品等消费予以适当补贴或贷款贴息。国家有关部委联合出台促进绿色消费的实施方案[③]，从重点领域绿色消费转型、绿色消费科技和服务支撑、绿色消费制度保障体系、绿色消费激励约束政策四方面提出重点任务和举措。

[①]　国家发展改革委、科技部：《关于进一步完善市场导向的绿色技术创新体系实施方案（2023—2025年）》（发改环资〔2022〕1885号），2022年12月28日。

[②]　国务院办公厅：《国务院办公厅关于进一步释放消费潜力促进消费持续恢复的意见》（国办发〔2022〕9号），2022年4月25日。

[③]　国家发展改革委等：《国家发展改革委等部门关于印发〈促进绿色消费实施方案〉的通知》（发改就业〔2022〕107号），2022年1月18日。

（二）精准、科学和依法深入推进环境污染防治

2022 年，中国坚持深入推进环境污染防治的方向不变、力度不减 [①]。党的二十大提出"坚持精准治污、科学治污、依法治污，持续深入打好蓝天、碧水、净土保卫战"。大气污染治理要"加强污染物协同控制，基本消除重污染天气"，水污染治理要"统筹水资源、水环境、水生态治理，推动重要江河湖库生态保护治理，基本消除城市黑臭水体"，土壤污染治理要"加强新污染治理"。这既延续了过去十年环境污染防治的成功做法，又努力避免以往存在的"一刀切"等问题。2022 年，中国陆续出台了一系列有利于规范、有序和长效开展环境污染防治的政策举措和行动方案。

1. 推动依靠法治保护生态环境

在环境立法方面，2022 年中国继续完善生态环境法律体系，修订《中华人民共和国海洋环境保护法》[②] 和研究制定《中华人民共和国青藏高原生态保护法》[③]。在环境司法方面，推动完善中国特色的环境司法专门化体系。2022 年，最高人民法院、最高人民检察院等发布有

---

① 中共中央、国务院：《中共中央 国务院关于深入打好污染防治攻坚战的意见》，2021 年 11 月 2 日。该文件部署了中国 2022—2025 年打好污染防治攻坚战的工作。

② 2022 年 12 月 27 日，十三届全国人大常委会第三十八次会议审议《中华人民共和国海洋环境保护法（修订草案）》。

③ 2022 年 8 月、12 月，十三届全国人大常委会第三十六次、第三十八次会议分别对《中华人民共和国青藏高原生态保护法（草案）》进行了一审和二审。

关生态环境损害赔偿①、惩处盗采矿产资源犯罪②、破坏野生动物刑事案件③、海洋自然资源与生态环境公益诉讼④、审理森林资源民事纠纷案件⑤等方面的意见、解释和规定。同时，推动建成中国特色的环境资源审判组织体系，为环境司法提供体制保障。

2. 制定深入推进环境污染防治的行动方案

2022 年，生态环境部、国家发展改革委等部门根据中共中央、国务院关于深入打好污染防治攻坚战的部署，在黄河生态保护治理⑥、长江保护修复⑦、消除重污染天气和臭氧污染防治⑧、重点海域综合治理⑨、农业农村污染治理⑩等领域，出台专项行动计划，推动实施环境污染

---

① 生态环境部等：《关于印发〈生态环境损害赔偿管理规定〉的通知》（环法规〔2022〕31号），2022年4月26日。

② 最高人民法院：《关于充分发挥环境资源审判职能作用依法惩处盗采矿产资源犯罪的意见》（法发〔2022〕19号），2022年7月1日。

③ 最高人民法院、最高人民检察院：《关于办理破坏野生动物资源刑事案件适用法律若干问题的解释》（法释〔2022〕12号），2022年4月6日。

④ 最高人民法院、最高人民检察院：《关于办理海洋自然资源与生态环境公益诉讼案件若干问题的规定》（法释〔2022〕15号），2022年5月10日。

⑤ 最高人民法院：《关于审理森林资源民事纠纷案件适用法律若干问题的解释》（法释〔2022〕16号），2022年6月13日。

⑥ 生态环境部等：《关于印发〈黄河生态保护治理攻坚战行动方案〉的通知》（环综合〔2022〕51号），2022年8月5日。

⑦ 生态环境部等：《关于印发〈深入打好长江保护修复攻坚战行动方案〉的通知》（环水体〔2022〕55号），2022年8月31日。

⑧ 生态环境部等：《关于印发〈深入打好重污染天气消除、臭氧污染防治和柴油货车污染治理攻坚战行动方案〉的通知》（环大气〔2022〕68号），2022年11月10日。

⑨ 生态环境部等：《关于印发〈重点海域综合治理攻坚战行动方案〉的通知》（环海洋〔2022〕11号），2022年1月29日。

⑩ 生态环境部等：《关于印发〈农业农村污染治理攻坚战行动方案（2021—2025年）〉的通知》（环土壤〔2022〕8号），2022年1月25日。

防治 8 个标志性战役 [①]。中国系统、全面、深入地给出解决不同环境污染问题的举措和行动方案，将深入推进环境污染防治的战略部署落实到位。

3. 深入开展中央生态环境保护督察

中央生态环境保护督察是党和国家重大的体制创新和重大的改革举措，是推动生态环境保护的关键制度性保障。2022 年，中共中央办公厅、国务院办公厅印发《中央生态环境保护督察整改工作办法》[②]，推进督察整改工作规范化和制度化开展。2022 年，第二轮第六批中央生态环境保护督察启动，督察组对河北、江苏、内蒙古、西藏、新疆5 个省（自治区）和新疆生产建设兵团开展督察。督察工作注重统筹经济平稳运行、民生保障、常态化疫情防控和生态环境保护。督察组采取暗查暗访和蹲点调查等方式，查实了一批突出生态环境问题，及时转办督办，压实地方党委和政府生态环境保护责任，持续推动解决群众反映的突出生态环境问题。

4. 统筹推进稳增长和生态环境监管

2022 年，中国经济工作要求稳中求进，这对统筹经济发展和环境保护提出更高要求，生态环境监管要避免"一刀切"，降低监管成本，提高监管效率。中国将精准科学依法治污的思路贯穿于排污许可制、环境影响评价、环境执法等多项政策执行过程中。继续推

---

① 指重污染天气消除、臭氧污染防治、柴油货车污染治理、城市黑臭水体治理、长江保护修复、黄河生态保护治理、重点海域综合治理和农业农村污染治理等 8 个攻坚战。

② 中共中央办公厅、国务院办公厅：《中央生态环境保护督察整改工作办法》（厅字〔2022〕7 号），2022 年 4 月。

动落实排污许可制 ①，累计将 344 万余个固定污染源纳入排污许可管理范围，对重点排污单位实施名录管理 ②。分类实施环境影响评价制度，深化环评"放管服"改革，中央层面重点做好重大投资项目环评审查，在严守生态环保红线的前提下，加快重大投资项目环评审批进度 ③。继续推动优化环境执法方式，实施常态化监督执法正面清单管理制度 ④，对正面清单内的企业原则上只开展非现场监管，在一定时期内免除现场检查。加强生态环境监测网络建设，开展碳监测评估试点，严厉打击重点排污单位自动监测数据弄虚作假环境违法犯罪行为。

（三）以系统思维推进生态系统保护修复

习近平总书记强调，要坚持系统观念，从生态系统整体性出发，推进山水林田湖草沙一体化保护和系统治理，更加注重综合治理、系统治理、源头治理 ⑤。党的二十大对提升生态系统多样性、稳定性、持续性作出部署，明确提出以国家重点生态功能区、生态保护红线、自然保护地等为重点，加快实施重要生态系统保护和修复重大工程，并

---

① 生态环境部:《关于印发〈关于加强排污许可执法监管的指导意见〉的通知》（环执法〔2022〕23 号），2022 年 3 月 28 日。

② 生态环境部:《环境监管重点单位名录管理办法》（生态环境部令第 27 号），2022 年 11 月 28 日。

③ 生态环境部:《关于做好重大投资项目环评工作的通知》（环环评〔2022〕39 号），2022 年 5 月 31 日。

④ 生态环境部:《关于优化生态环境保护执法方式提高执法效能的指导意见》（环执法〔2021〕1 号），2021 年 1 月 6 日。

⑤ 习近平:《努力建设人与自然和谐共生的现代化》，《求是》2022 年第 11 期，第 4-10 页。

对推进国土绿化、集体林权制度改革、生态产品价值实现等作出部署。2022 年，中国出台提升生态系统多样性、稳定性和持续性的多项政策举措。

1. 制定多项生态系统保护规划

2022 年，中国出台森林、草原、河湖、湿地、荒漠等自然生态系统保护规划方案，发布了《全国国土绿化规划纲要（2022—2030 年）》[①]，制定了黄河流域生态环境保护、国家公园空间布局等重要规划和方案 [②③]，为加快恢复生态系统、增强生态系统稳定性、提升生态系统质量提供了规划支撑。

2. 健全生态系统保护法制体系

在立法修法方面，2022 年，中国开始施行《中华人民共和国黑土地保护法》[④]《中华人民共和国湿地保护法》[⑤]，生态保护修复的法律体系进一步完善。加快推进制修订国土空间开发保护法、国土空间规划法、国家公园法以及土地、森林、草原、耕地、矿产、海洋等要素领域的相关法律 [⑥]。矿山生态修复被写入《中华人民共和国长江保护

---

① 全国绿化委员会：《全国国土绿化规划纲要（2022—2030 年）》，2022 年 9 月 13 日。

② 生态环境部等：《黄河流域生态环境保护规划》，2022 年 6 月 11 日。

③ 国家林草局等：《国家公园空间布局方案》，2022 年 12 月 30 日。

④ 2022 年 6 月 24 日，十三届全国人大常委会第三十五次会议通过《中华人民共和国黑土地保护法》，自 2022 年 8 月 1 日起施行。

⑤ 2021 年 12 月 24 日，十三届全国人大常委会第三十二次会议通过《中华人民共和国湿地保护法》，自 2022 年 6 月 1 日起施行。

⑥ 2022 年 7 月 20 日，国家林草局就《中华人民共和国森林法实施条例（修订草案）》（征求意见稿）公开征求意见。2022 年 9 月 5 日，自然资源部就《耕地保护法（草案）》（征求意见稿）公开征求意见。2022 年 9 月 22 日，全国人大环资委召开第三十八次全体会议，对关于制定国土空间规划法、国家公园法，修改海洋环境保护法、矿产资源法、草原法、土地管理法、深海海底区域资源勘探开发法等议案进行了审议。

法》①《中华人民共和国黄河保护法》②《中华人民共和国青藏高原生态保护法》③。在司法方面，2021 年 5 月，习近平总书记向世界环境司法大会致贺信，充分肯定"中国持续深化环境司法改革创新，积累了生态环境司法保护的有益经验"④。2022 年，最高人民法院全面推进环境资源审判工作，构建起严格严密、务实管用的环境资源裁判规则体系，全国法院累计设立环境资源审判专门机构或组织 2426 个 ⑤，全国法院共受理一审环境资源案件 27 万余件 ⑥。

3. 制定生态系统保护技术标准

2022 年，中国发布和实施了包括生态保护在内的数十项国家生态环境标准。例如，实施了自然保护地人类活动遥感解译审核与质量控制、生态保护修复成效评估方面的技术规范，修订了生态环境统计技术规范。在山水林田湖草沙一体化保护和系统治理方面，围绕生态保护修复成效评估技术指南、工程实施方案编制、工程验收等内容出台

---

① 《中华人民共和国长江保护法》第六十二条规定：长江流域县级以上地方人民政府应当因地制宜采取消除地质灾害隐患、土地复垦、恢复植被、防治污染等措施，加快历史遗留矿山生态环境修复工作，并加强对在建和运行中矿山的监督管理，督促采矿权人切实履行矿山污染防治和生态环境修复责任。

② 《中华人民共和国黄河保护法》第四十四条规定：黄河流域县级以上地方人民政府应当加强对矿山的监督管理，督促采矿权人履行矿山污染防治和生态修复责任，并因地制宜采取消除地质灾害隐患、土地复垦、恢复植被、防治污染等措施，组织开展历史遗留矿山生态修复工作。

③ 《中华人民共和国青藏高原生态保护法》第三十四条规定：青藏高原县级以上地方人民政府应当因地制宜采取消除地质灾害隐患、土地复垦、恢复植被、防治污染等措施，加快历史遗留矿山生态修复工作，加强对在建和运行中矿山的监督管理，督促采矿权人依法履行矿山污染防治和生态修复责任。

④ 《习近平向世界环境司法大会致贺信》，新华社，2021 年 5 月 26 日。

⑤ 最高人民法院：《中国生物多样性司法保护》，2022 年 12 月 6 日。

⑥ 最高人民法院环境资源司法研究中心"中国环境司法发展研究"课题组：《中国环境司法发展报告（2022 年）》，2023 年 6 月 5 日。

了系列标准规范。例如，实施了矿山生态修复技术规范相关的 7 项行业标准，发布了国土空间生态保护修复工程实施和验收相关的 3 项行业标准。

4. 加快构建以国家公园为主体的自然保护地体系

自然保护地在维护生态安全中居首要地位。中国正加快构建全世界最大的国家公园体系，逐步把自然生态系统最重要、自然景观最独特、自然遗产最精华、生物多样性最富集的区域纳入国家公园体系。2022 年，全国共遴选出 49 个国家公园候选区（含三江源、大熊猫、东北虎豹、海南热带雨林和武夷山等 5 个正式设立的国家公园），总面积约 110 万平方千米。拥有世界自然遗产 14 处、世界自然与文化双遗产 4 处、世界地质公园 41 处[①]。至此，中国初步建立起以国家公园为主体，由国家公园、自然保护区、自然公园构成的自然保护地体系，以及自然保护地分类分区管控制度。

（四）积极稳妥推进碳达峰碳中和

党的二十大提出，中国要"积极稳妥推进碳达峰碳中和""立足中国能源资源禀赋，坚持先立后破，有计划分步骤实施碳达峰行动"。2022 年，面对国际复杂形势和国内不断加大的稳增长压力，中国坚持碳达峰碳中和工作方向不变，把系统观念贯穿"双碳"工作全过程，着力处理好发展和减排、整体和局部、短期和中长期等方面的重大关系，把握降碳节奏，及时纠正一些急于求

---

① 生态环境部：《2022 中国生态环境状况公报》，2023 年 5 月 29 日。

成的激进减碳做法，确保碳达峰碳中和工作实现平稳起步、良好开局。2022年中国继续推动完善碳达峰碳中和政策体系，及时出台能源保供举措，统筹兼顾非化石能源发展和煤炭清洁高效利用。

1. 推动完善碳达峰碳中和"1+N"政策体系

"1"指的是中国实现碳达峰碳中和的指导思想和顶层设计，由2021年发布的《中共中央 国务院关于完整准确全面贯彻新发展理念做好碳达峰碳中和工作的意见》和国务院印发的《2030年前碳达峰行动方案》两个文件共同构成，明确了碳达峰碳中和工作的时间表、路线图、施工图。"N"指的是重点领域、重点行业和各地区的碳达峰实施方案及相关支撑保障方案，包括能源、工业、交通运输、城乡建设、农业农村、减污降碳等重点领域实施方案，煤炭、石油、天然气、钢铁、有色金属、石化化工、建材等重点行业实施方案，以及科技、财政、统计核算、人才等支撑保障方案（见表4-1）。此外，省级政府印发了碳达峰实施方案。截至2022年，中国已初步构建起目标明确、分工合理、措施有力、衔接有序的碳达峰碳中和政策体系，形成各方面共同推进的良好格局。

2. 推动碳达峰碳中和立法和标准体系建设

2022年，按照中央决策部署，相关立法和标准建设工作稳步推进。能源法草案作为拟提请全国人大常委会审议的法律，列入国务院2022年度立法工作计划[①]；能源法作为初次审议的法律，列入全国人大常委会2022年度立法工作计划。《碳排放权交易管理暂行条

---

① 国务院办公厅：《国务院办公厅关于印发国务院2022年度立法工作计划的通知》（国办发〔2022〕24号），2022年7月5日。

表 4-1 碳达峰碳中和"1+N"政策体系

文件名	发布机构	时间
《中共中央 国务院关于完整准确全面贯彻新发展理念做好碳达峰碳中和工作的意见》	中共中央、国务院	2021 年 9 月 22 日
《2030 年前碳达峰行动方案》	国务院	2021 年 10 月 24 日
《关于加快建立统一规范的碳排放统计核算体系实施方案》	国家发展和改革委员会、国家统计局、生态环境部	2022 年 4 月 22 日
《建立健全碳达峰碳中和标准计量体系实施方案》	国家市场监督管理总局、国家发展和改革委员会、工业和信息化部、自然资源部、生态环境部、住房和城乡建设部、交通运输部、中国气象局、国家林业和草原局	2022 年 10 月 18 日
《工业领域碳达峰实施方案》	工业和信息化部、国家发展和改革委员会、生态环境部	2022 年 7 月 7 日
《城乡建设领域碳达峰实施方案》	住房和城乡建设部、国家发展和改革委员会	2022 年 6 月 30 日
《农业农村减排固碳实施方案》	农业农村部、国家发展和改革委员会	2022 年 5 月 7 日
《减污降碳协同增效实施方案》	生态环境部、国家发展和改革委员会、工业和信息化部、住房和城乡建设部、交通运输部、农业农村部、国家能源局	2022 年 6 月 10 日

续表

文件名	发布机构	时间
《有色金属行业碳达峰实施方案》	工业和信息化部、国家发展和改革委员会、生态环境部	2022 年 11 月 10 日
《建材行业碳达峰实施方案》	工业和信息化部、国家发展和改革委员会、生态环境部、住房和城乡建设部	2022 年 11 月 2 日
《科技支撑碳达峰碳中和实施方案（2022—2030 年）》	科学技术部、国家发展和改革委员会、工业和信息化部、生态环境部、住房和城乡建设部、交通运输部、中国科学院、中国工程院、国家能源局	2022 年 6 月 24 日
《促进绿色消费实施方案》	国家发展和改革委员会、工业和信息化部、住房和城乡建设部、商务部、国家市场监督管理总局、国家机关事务管理局、中共中央直属机关事务管理局	2022 年 1 月 18 日
《关于完善能源绿色低碳转型体制机制和政策措施的意见》	国家发展和改革委员会、国家能源局	2022 年 1 月 30 日
《财政支持做好碳达峰碳中和工作的意见》	财政部	2022 年 5 月 25 日
《绿色低碳发展国民教育体系建设实施方案》	教育部	2022 年 10 月 26 日

资料来源：根据公开资料整理。

例》作为拟制定、修订的行政法规，列入国务院 2022 年度立法工作计划。此外，2022 年中国发布首个综合性海洋碳汇核算标准[①]，解决了海洋碳汇的量化问题，填补该领域的行业标准空白。发布了首个碳金融产品标准[②]，规范了碳金融产品的分类和实施要求，为金融机构参与碳市场交易提供了标准支持。

3. 优化能源消费总量控制

为统筹发展和减排的关系，2022 年中国从两方面推动完善能源消费总量制度。一方面，新增可再生能源电力消费量不纳入能源消费总量控制。2022 年 8 月，相关部委发布《关于进一步做好新增可再生能源消费不纳入能源消费总量控制有关工作的通知》，规定"新增可再生能源电力消费量不纳入能源消费总量控制"，并明确"不纳入能源消费总量的可再生能源，现阶段主要包括风电、太阳能发电、水电、生物质发电、地热能发电等可再生能源"。另一方面，原料用能不纳入能源消费总量控制。2022 年 10 月，国家发展改革委、国家统计局联合发布文件，明确原料用能从能源消费总量中扣除[③]。

4. 出台统筹能源低碳转型和安全保供的政策措施

2022 年，中国推动新能源高质量发展[④]，在创新新能源开发利用模式、加快构建新型电力系统、引导新能源产业健康有序发展、发挥

---

① 自然资源部：《海洋碳汇核算方法》（HY/T 0349-2022），2022 年 9 月 26 日。

② 中国证券监督管理委员会：《碳金融产品》（JR/T 0244-2022），2022 年 4 月 12 日。

③ 国家发展改革委、国家统计局：《关于进一步做好原料用能不纳入能源消费总量控制有关工作的通知》（发改环资〔2022〕803 号），2022 年 10 月 27 日。原料用能指用作原材料的能源消费，即能源产品不作为燃料、动力使用，而作为生产非能源产品的原料、材料使用。

④ 国家发展改革委、国家能源局：《关于促进新时代新能源高质量发展的实施方案》（国办函〔2022〕39 号），2022 年 5 月 14 日。

新能源的生态环境保护效益、绿色电力交易[①] 等方面提出具体措施[②]。2022 年夏季，全国出现大范围高温天气，不少地区加速复工达产，多个省份用电负荷创历史新高。为发挥煤炭的顶峰作用，中国进一步提升煤电能效和灵活性标准[③]，以标准来支撑和规范煤电机组清洁高效利用。中国人民银行将煤炭清洁高效利用专项再贷款额度从 2000 亿元增加至 3000 亿元，进一步释放煤炭先进产能，保障能源安全稳定供应，支持经济平稳运行。

三、绿色发展取得的成效

2022 年，在以习近平同志为核心的党中央坚强领导下，中国坚定践行习近平生态文明思想，统筹疫情防控、经济社会发展和生态环境保护，扎实推进绿色发展，美丽中国建设迈出坚实步伐。

（一）绿色生产生活方式加快形成

2022 年，中国推动产业结构升级，发展绿色低碳产业，实施全面资源节约，引导公众践行绿色低碳生活方式，实现资源利用效率稳步

[①]　国家发展改革委办公厅、国家能源局综合司:《关于有序推进绿色电力交易有关事项的通知》（发改办体改〔2022〕821 号），2022 年。

[②]　国家发展改革委、国家能源局:《关于促进新时代新能源高质量发展的实施方案》（国办函〔2022〕39 号），2022 年 5 月 14 日。

[③]　国家能源局综合司、国家发展改革委办公厅、国家市场监管总局办公厅:《关于进一步提升煤电能效和灵活性标准的通知》（国能综通科技〔2022〕81 号），2022 年 8 月 3 日。

提升，绿色发展的新业态新动能正在形成。

1. 产业结构优化调整取得新进步

2022 年，中国传统制造业加快绿色转型，钢铁和石化等工业绿色发展水平提升。高技术制造业、装备制造业占规模以上工业增加值的比重分别提高到 15.5% 和 31.8%。截至 2022 年底，达到工信部评价要求的绿色工厂 3616 家，绿色产品 3730 种，绿色园区 267 个，绿色供应链企业 403 家。2022 年，全球新能源产业重心进一步向中国转移，中国生产的光伏组件、风力发电机、齿轮箱等关键零部件占全球市场份额达 70%[1]。

2. 资源节约集约利用水平进一步提升

2022 年，中国资源利用效率稳步提升，万元国内生产总值用水量比上年下降 1.6%（按可比价计算）[2]，全年处置批而未供土地和闲置土地 461 万亩，五年来万元国内生产总值建设用地使用面积下降了 21.5%[3]，全国一般工业固体废物综合利用率提高到 57.7%[4]。2022年，中国推动再生资源回收利用，促进废弃物"变废为宝"，废轮胎、废电池和报废机动车回收总额分别同比增长 31.9%、21.9% 和12.6%[5]。随着大数据、云计算技术的发展，以及在线支付和信用体系的健全，一批闲置资源交易平台应运而生。例如，阿里巴巴旗下的闲鱼等企业，为中国闲置资源利用创造了新模式，经济社会效益和绿色低碳效益明显。

---

[1] 水电水利规划设计总院：《中国可再生能源发展报告 2022》，2023 年 6 月 28 日。
[2] 水利部：《2022 年中国水资源公报》，2023 年 6 月 30 日。
[3] 自然资源部：《2023 年全国自然资源工作会议召开》，2023 年 1 月 12 日。
[4] 生态环境部：《2022 中国生态环境状况公报》，2023 年 5 月 29 日。
[5] 中国物资再生协会：《中国再生资源回收行业发展报告（2023）》，2023 年 7 月 4 日。

3. 绿色金融快速发展

绿色金融在推动绿色增长的进程中发挥着重要作用。中国已形成以绿色贷款和绿色债券为主、多种绿色金融工具蓬勃发展的多层次绿色金融市场体系。在国内高储蓄的推动下，中国正在成为绿色金融的全球领先者，拥有世界最大的绿色债券和绿色信贷市场。2022年末，中国本外币绿色贷款余额达22.03万亿元，同比增长38.5%。分结构看，基础设施绿色升级产业、清洁能源产业、节能环保产业的贷款余额分别为9.82万亿元、5.68万亿元和3.08万亿元，同比分别增长32.8%、34.9%和59.1%。尽管目前绿色资产只占中国金融市场的一小部分，但发展潜力巨大。

4. 绿色生活方式加快形成

2022年公众绿色低碳意识提升，自觉参与绿色低碳的行动也相应增加。调查显示[①]，69.9%的公众"大多时候会"购买贴有"中国能效标识"的家电产品，能效标识经过十多年推广正在深入人心。分时电价、阶梯电价正在改变公众用电习惯，67.8%的受访者表示，分时电价或阶梯电价使自身节电意识得到了提高。互联网平台和商业模式创新为公众便捷践行绿色低碳生活提供基础支撑。公众使用绿色低碳生活普惠平台，将日常绿色低碳行为进行碳赋值，获得碳积分、碳能量、优惠券等奖励。

---

① 2022年，国务院发展研究中心资源与环境政策研究所在全国开展"公众碳达峰碳中和认知与行为调查"，总计回收4100份有效问卷。

（二）生态环境质量持续改善

2022 年，中国生态环境质量持续改善，城乡人居环境更加优美，人民群众对总体生态环境状况的满意度不断提升，污染防治攻坚战成效得到巩固和提升。

1. 空气质量继续改善

2022 年，全国 339 个地级及以上城市平均空气质量优良天数比例为 86.5%，细颗粒物（$PM_{2.5}$）浓度下降至 29 微克／立方米，连续十年实现下降。北京 $PM_{2.5}$ 年均浓度从 2013 年的 89.5 微克／立方米，降至 2022 年的 30 微克／立方米。国务院发展研究中心"中国民生调查"数据显示，2022 年受访者对空气质量的满意度提升到 84%，远高于对水环境、生活垃圾处理、绿化环境状况的满意度。中国空气质量的改善，逐渐得到国际社会认可。芝加哥大学研究认为，在 2022 年北京冬奥会上使用的首钢废旧工厂改造的滑雪场馆，是中国环境保护获得成功的标志[1]。近十年，全国地级以上城市主要空气污染物（不含臭氧）浓度明显下降（见图 4-1），中国花了不到十年的时间，达到了美国花几十年时间才实现的污染下降幅度，成为全球大气质量改善速度最快的国家。

---

[1] Air Quality Life Index（AQLI）：From "Airpocalypse" to Olympic Blue：China's Air Quality Transformation，February 22, 2022.

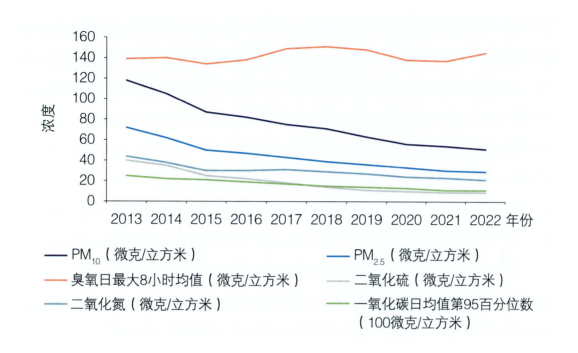

图 4-1 2013—2022 年全国城市主要空气污染物浓度

资料来源：2013—2022 年《中国生态环境状况公报》。

2. 水环境质量持续提升

2022 年，全国地表水优良水质断面比例为 87.9%，同比增加 3.0 个百分点；劣 V 类水质断面比例为 0.7%，同比减少 0.5 个百分点。黄河干流首次全线达到 Ⅱ 类水质标准，全年近岸海域海水优良（一、二类）水质面积比例为 81.9%，同比上升 0.6 个百分点[①]。近十年来，全国地表水水质明显提升（见图 4-2），近岸海域海水水质也在明显好转。

---

① 生态环境部：《2022 中国生态环境状况公报》，2023 年 5 月 29 日。

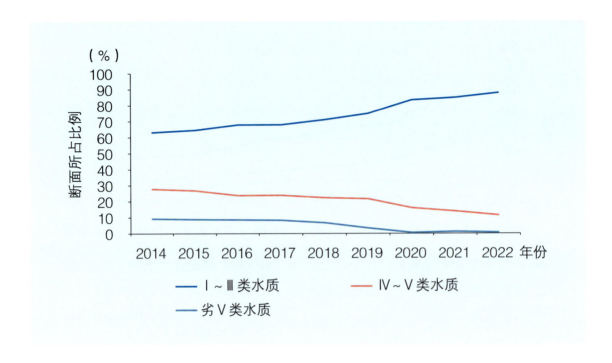

图 4-2　2014—2022 年全国地表水水质

注：中国从 2014 年开始统计地表水环境质量。

资料来源：2014—2022 年《中国生态环境状况公报》。

3. 土壤环境风险得到基本管控

2022 年，全国土壤污染加重趋势得到初步遏制，持续推进 13 个土壤污染防治先行区、21 个地下水污染防治试验区建设，累计将 1744 块地块纳入建设用地土壤污染风险管控和修复名录。全国农用地安全利用率保持在 90% 以上，重点建设用地安全利用得到进一步保障。

4. 农村人居环境稳步改善

2022 年，中国农村生活垃圾收运处置体系已覆盖超过 90% 的行政村[①]，"户分类、村收集、乡转运、县处理"的生活垃圾收运处置体系逐步完善。农村生活污水乱排得到进一步管控，污水治理率达到 31% 左右[②]。农村厕所便捷和卫生程度有所提高，全国农村卫生厕所普及率超过 73%[③]。农村饮用水安全稳步提升，农村自来水普及率达到 87%。

（三）生态系统多样性、稳定性和持续性稳步提升

2022 年，在习近平生态文明思想的指引下，中央和地方全面践行"山水林田湖草生命共同体"理念，中国推进生态系统保护修复取得重要进展，生态系统多样性、稳定性和持续性稳步提升。

1. 生物物种多样性有所提升

据中国科学院生物多样性委员会发布的《中国生物物种名录》（2022 版），2022 年中国生物物种较 2021 年新增了 10343 个物种及种下单元。中国实施生物多样性保护重大工程，一大批珍稀濒危物种得到保护，大熊猫、朱鹮、亚洲象、藏羚羊等 300 多种珍稀濒危野生动植物野外种群数量稳中有升。中国在长江流域重点水域实行 10 年禁渔，流域水生态和生物多样性开始恢复。

---

① 《推动城乡医疗卫生和环境保护工作补短板强弱项——国家发展改革委专题新闻发布会详解有关工作部署》，新华社，2023 年 3 月 17 日。

② 黄润秋：《深入学习贯彻党的二十大精神　奋进建设人与自然和谐共生现代化新征程——在2023 年全国生态环境保护工作会议上的工作报告》，2023 年 2 月 16 日。

③ 农业农村部：《农业农村部关于开展农村改厕"提质年"工作的通知》（农社发〔2023〕2 号），2023 年 4 月 17 日。

2. 重要生态系统得到保护

中国超过 30% 的陆域国土面积被划入生态保护红线，覆盖了生物多样性维护、水源涵养等生态功能极重要区域，以及水土流失、沙漠化等生态极脆弱区域和自然保护地。90% 以上的重要生态系统得到保护，74% 的重点保护野生动植物物种、65% 的高等植物群落得到保护。2022 年，中国森林覆盖率达 24.02%，森林总面积达 2.31 亿公顷，居世界第五位，为全球贡献了近十年来 1/4 的新增森林面积。2022 年中国湿地面积达 5635 万公顷，居世界第四位，且新增 18 处国际重要湿地。中国林草总碳储量达 114.43 亿吨，位居世界前列[1]。

3. 生态系统修复取得良好成绩

中国统筹山水林田湖草沙等自然生态要素，实行一体化保护和系统治理。2022 年，中国持续推进 44 个山水林田湖草沙系统保护修复工程，山水林田湖草沙系统保护修复工程获评首批十大"世界生态恢复十年旗舰项目"，联合国环境规划署（UNEP）评价这是"全世界最有希望、最具雄心、最鼓舞人心的大尺度生态修复范例之一"[2]。2022 年，在矿产资源集中的国家区域重大战略地区，实施 11 个历史遗留废弃矿山生态修复示范工程。持续推进海洋生态保护修复重点工程，完成整治修复海岸线 60 千米、滨海湿地 2640 公顷，营造和修复红树林 519 公顷[3]。红树林在净化海水、防风消浪、固碳储碳、维护生

---

① 生态环境部：《2022 中国生态环境状况公报》，2023 年 5 月 29 日。

② 自然资源部：《不负青山不负人——2022 年自然资源工作系列述评之生态保护篇》，2023 年 1 月 10 日。

③ 自然资源部：《2022 年中国自然资源统计公报》，2023 年 4 月 12 日。

物多样性等方面发挥着重要作用，中国红树林面积已达 43.8 万亩，比本世纪初增加约 10.8 万亩[①]，中国修复红树林湿地积累了成功案例和经验（见专栏 4-1）。

专栏 4-1　苍南县开展红树林湿地修复

温州市苍南县是浙江最适宜种植红树林的地域。随着苍南县经济社会加速发展，海洋资源开发导致大片滩涂湿地消失，生态系统服务功能受到严重影响。

2014 年起，苍南县逐年开展退养还湿、滩面治理、宜林生境改造等生态修复项目，红树林面积逐渐增加到千亩。2020 年，在中央财政资金支持下，苍南县实施了退养还湿、红树林种植修复、红树林湿地海岸统筹整治等工程，种植红树林 350 亩，红树林累计面积超 1500 亩，约占浙江省红树林面积的 1/4。苍南县实行"红树林种植-生态养殖耦合"共存模式，即在红树林种植区周围设置 6200 亩大型生态养殖区，既提高了红树林区的生物多样性，又提升了养殖品质。修复后的红树林湿地带动了旅游产业发展，苍南县建成山海生态旅游目的地，连续 4 年入选中国县域旅游综合竞争力百强县市。

---

① 国务院新闻办：《国务院新闻办就建设人与自然和谐共生的现代化有关情况举行发布会》，2023 年 7 月 11 日。

同时，苍南县建立了红树林生态系统碳储量和碳汇能力评估模型，测算出红树林生态系统碳储量约 9000 吨，为开展碳汇交易提供基础。

"十四五"期间，苍南县将继续加大投资力度，开展生态海岸带建设，以环海公路串联沿途海岛、沙滩、渔港、山体、古村等自然风光，并进行整体修复，助推滨海生态系统提档升级，持续促进苍南绿色低碳发展。

资料来源：自然资源部《2023 年海洋生态保护修复典型案例⑦⑧⑨｜海洋日》，2023 年 6 月 7 日。

4. 生态产品价值实现取得进展

中国保护绿水青山的同时，注重发展经济和改善民生，依靠推广和应用先进技术、发展绿色低碳产业，努力使绿水青山转化为金山银山。福建省长汀县曾是南方红壤区水土流失最为严重的县。从 20 世纪 80 年代初开始，长汀县开展水土流失治理，采取了人工植树种草、封山育林等措施。经过持续不断的努力，2022 年长汀县水土流失面积降到 30.56 万亩，水土保持率提高到 93.4%。长汀县在治理水土流失的同时，发展全域生态旅游，2022 年全县实现旅游总收入达 50 多亿元[①]。又如，中国开展荒漠化治理，使"沙窝窝"变"金窝窝"。位于甘肃省古浪县的八步沙林场，地处腾格里沙漠，三代治沙人持续努力，不但把沙治住、把土地保住，还科学发展起了土鸡养殖、经

---

① 长汀县统计局:《2022 年长汀县国民经济和社会发展统计公报》，2023 年 3 月 22 日。

济作物种植等产业，走出了一条生态环境保护和脱贫致富的双赢新路子。

（四）碳达峰碳中和向前迈出步伐

2022 年，在复工复产带动下，以及受干旱天气造成的水电出力不足等因素的影响，全国火力发电量同比增长 0.9%，原煤产量也比上年增长 10.5%，中国推进碳达峰碳中和面临挑战。2022 年中国统筹经济发展、能源低碳转型和民生保障，万元国内生产总值能耗比上年下降 0.1%，"双碳"工作稳步向前推进。

1. 非化石能源替代有序推进

2022 年，中国可再生能源发展取得重大进展，以沙漠、戈壁、荒漠地区为重点的大型风电光伏基地建设全面推进，白鹤滩水电站 16 台机组全部投产，以乌东德、白鹤滩、溪洛渡、向家坝、三峡、葛洲坝为核心的世界最大"清洁能源走廊"全面建成；全年新核准抽水蓄能项目超过"十三五"时期全部核准规模。2022 年，中国风电、太阳能发电新增装机分别为 3763 万千瓦和 8740.8 万千瓦，累计装机容量达 36544 万千瓦和 39261 万千瓦，同比分别增长 11.2% 和 28.1%，稳居世界首位[1]。2022 年中国可再生能源发电量相当于减少国内二氧化碳排放量约 22.6 亿吨，出口的风电光伏产品为其他国家减排二氧化碳约 5.7 亿吨，二者合计减排量约占同期全球可再生能源折算碳减排量

---

[1]　中能传媒能源安全新战略研究院：《中国能源大数据报告（2023）》，2023 年 6 月 2 日。

的 41%[①]。2022 年中国非化石能源消费占能源消费总量的比重提高到 17.5%（见图 4-3）。

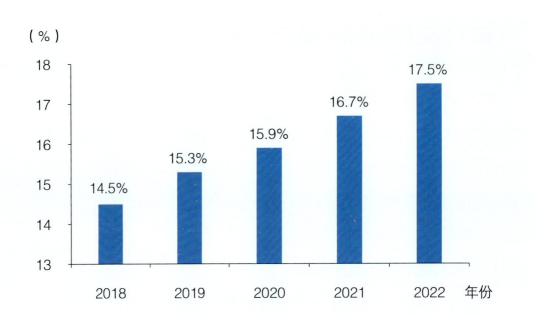

（%）

图 4-3　2018—2022 年中国非化石能源消费占能源消费总量的比重

资料来源：国家统计局。

2. 煤炭清洁高效利用水平提高

2022 年，中国大力推动煤电节能降碳改造、灵活性改造、供热改造，全年煤电改造超过 2.2 亿千瓦[②]。中国已建成全球规模最大的清洁高效燃煤发电系统，投入运行的燃煤发电机组能效指标、污染物排放指标均为国际领先水平。例如，2022 年并网成功的中国最先进的安

徽淮北平山电厂二期 1350 兆瓦超超临界二次再热燃煤发电机组，是目前全球单机容量最大的燃煤发电机组，采用了拥有自主知识产权及专利的减排技术，供电煤耗达 251 克标准煤／千瓦时，效率达 46%，平均每年可节省燃煤近 10 万吨。2022 年，中国继续推动实施煤电二氧化碳捕集示范项目，煤电行业碳减排技术得到进一步发展（见专栏 4-2）。

专栏 4-2　中国推动建设煤电碳捕集示范项目

2022 年 11 月，国家能源集团江苏电力有限公司 50 万吨／年二氧化碳捕集与资源化能源化利用技术研究及示范项目顺利完成塔器底座吊装，这标志着国内最大煤电 CCUS（碳捕集、利用与封存）示范工程进入主体施工阶段。该项目通过优化大型碳捕集系统与电厂热力系统耦合，可彻底解决大型火力发电厂的碳减排问题。项目建成后，实现二氧化碳捕集率大于 90%，年捕集量 50 万吨，每吨捕集电耗小于 90 千瓦时，每吨捕集能耗小于 2.4 吉焦，整体性能指标达到国际领先水平。

资料来源：根据公开资料整理。

3. 工业能效持续提升

2022 年，中国继续推动石化化工、钢铁等行业高质量发展，推广高效节能技术。重点耗能工业企业单位电石综合能耗下降 1.6%，单位合成氨综合能耗下降 0.8%，单位电解铝综合能耗下降 0.4%，每千瓦时火力发电标准煤耗下降 0.2%，工业绿色发展不断推进。

4. 绿色低碳建筑面积不断扩大

中国持续推动既有建筑节能改造。2022 年中国节能建筑面积占城镇民用建筑面积的比重超过 64%，北方地区完成的既有居住建筑节能改造惠及 2400 多万户居民。2022 年，城镇新建绿色建筑面积占当年新建建筑的比例达到 90% 左右，全国累计建成的绿色建筑面积超过 100 亿平方米[1]。公共机构节能成效显著，截至 2022 年 6 月，全国共建成约 13 万家县级及以上党政节约型机关和 5114 家节约型公共机构示范单位。

5. 清洁高效的交通运输体系加快建立

2022 年，中国新能源汽车产量 700.3 万辆，比上年增长 90.5%[2]，产销连续 8 年居世界第一位。交通运输部联合相关部门大力推动绿色公路、绿色水运、港口岸电等绿色交通基础设施建设，加快推广新能源汽车、清洁能源动力船舶等清洁低碳交通工具，不断优化运输结构。

（五）推进绿色发展国际合作

中国在推动自身经济社会发展实现绿色转型的同时，积极参与全球环境治理，推进共建绿色"一带一路"，广泛开展双多边国际合

---

[1] 丁怡婷：《全国累计建成绿色建筑面积超百亿平方米》，《人民日报》2023 年 6 月 26 日第 10 版。

[2] 国家统计局：《中华人民共和国 2022 年国民经济和社会发展统计公报》，2023 年 2 月 28 日。

作，为全球可持续发展贡献智慧和力量。国际社会肯定中国污染治理、生态修复的成果，积极评价云南大象北上及返回事件。中国应对气候变化的系统政策和务实行动取得积极成效，特别是中国为全球大规模提供优质的可再生能源产品，提振了全球绿色低碳转型信心。中国促进国际气候谈判、全球生物多样性保护等取得实效，加快推动应对气候变化国际治理体系建设和完善，为构建人类命运共同体作出贡献。

习近平总书记指出，没有发展，就不能聚集起绿色转型的经济力量；忽视民生，就会失去绿色转型的社会依托[1]。2022 年，中国贯彻落实新发展理念，推动完善绿色发展体制机制，协调经济增长、民生保障、环境保护，在经济发展中促进绿色转型、在绿色转型中实现更高质量发展。

中国实现人与自然和谐共生的现代化，需要加强理论创新和实践创新。中国将贯彻落实党的二十大精神，在习近平生态文明思想的指引下，坚持绿水青山就是金山银山的理念，推动发展方式绿色转型，深入推进环境污染防治，稳步提升生态系统多样性、稳定性和持续性，积极稳妥推进碳达峰碳中和，坚定不移走生产发展、生态良好、生活富裕的文明发展道路。

---

[1]　习近平：《坚持可持续发展 共建亚太命运共同体——在亚太经合组织工商领导人峰会上的主旨演讲》，《人民日报》2021 年 11 月 12 日第 2 版。

第五章｜开放发展

对外开放是中国繁荣发展的必由之路，为中国融入经济全球化、实现跨越式发展提供了强大动力。党的十八大以来，中国坚持对外开放的基本国策，坚定奉行互利共赢的开放战略，提出开放发展新理念，以开放促发展、促改革、促创新，加快构建高水平开放型经济新体制，取得一系列历史性成就。党的二十大报告提出，推进高水平对外开放，增强国内国际两个市场两种资源联动效应。当前，世界百年未有之大变局加速演进，战略机遇和风险挑战并存、不确定因素增多。2022年，应对复杂严峻、动荡变化的国际环境，面对现代化建设的新要求，中国进一步推动商品和要素由流动型开放向制度型开放转变，开放发展不断迈上新台阶，对构建新发展格局和高质量发展的促进作用持续增强，对促进各国合作共赢、维护开放型世界经济和构建人类命运共同体作出新的贡献。

一、贸易强国建设迈出新步伐

对外贸易是中国经济增长的重要引擎。党的十八大以来，中国统筹国内国际两个市场两种资源，降低关税、消除各类非关税壁垒、提升通关便利化，促进对外贸易取得历史性成就。党的二十大报告提出，"推动货物贸易优化升级，创新服务贸易发展机制，发展数字贸易，加快建设贸易强国"。2022年，面对外需不振、疫情反复冲击、全球化遭遇逆流、不确定因素增多等多重挑战，中国将"保稳提质"作为年度外贸发展的重要目标，多措并举稳定外贸，更大力度推动外贸稳规模、优结构。习近平主席在第五届中国国际进口博览会上鲜明提出，扩大开放，让中国大市场成为世界大机遇[①]。中国货物贸易继续保持全球第一，服务贸易结构不断优化，外贸新业态新模式活力不断展现，全年既实现了外贸保稳提质目标，彰显了中国对外贸易的强大韧性，又推动贸易强国建设迈出新步伐。

（一）以主动开放为外贸保稳提质注入新动能

1. 密集出台一系列稳外贸政策举措

国务院办公厅发布《关于推动外贸保稳提质的意见》《关于促进内外贸一体化发展的意见》等，帮扶外贸企业应对困难挑战，实现进出口保稳提质，助力稳经济稳产业链供应链；着眼优化贸易管理体制、放活市场主体，修改《中华人民共和国对外贸易法》，取消对外贸易经营者备案登记。

2. 不断提升货物贸易自由化便利化水平

中国在履行"入世"承诺的基础上自主降低关税，2022年关税总水平达到 7.4%，贸易加权平均关税水平接近发达成员，显著低于其他主要发展中成员。不断完善国际贸易单一窗口，持续提升通关时效，2022年进口、出口整体通关时间分别比 2017 年缩短 67.1% 和 91.6%[②]。

---

① 习近平：《共创开放繁荣的美好未来》，新华社，2022 年 11 月 4 日。
② 《海关促进跨境贸易便利化取得实质性成效》，新华社，2023 年 2 月 28 日。

3. 稳步推进服务贸易、数字贸易创新发展

覆盖 28 个省、市（区域）的全面深化服务贸易创新发展试点全面推进；新增 6 个服务业扩大开放综合试点；涉及服务业的外商投资准入特别管理措施（自贸区版）进一步缩减；经济合作与发展组织（OECD）的服务贸易限制指数（STRI）显示，2022 年，中国保险部门进一步开放，其他多数服务部门的限制性指数也明显低于十年前水平，服务贸易开放度不断提升。此外，在 60 个城市和地区新设跨境电商综试区，总数达到 165 个，深入探索跨境电商交易全流程创新；支持银行优化新型国际贸易结算方式；保税维修产品目录清单不断扩围，区外个案审批机制初步建立。

4. 积极发挥国家级展会和出口基地的平台支撑作用

2022 年，中国国际服务贸易交易会（全球服务贸易领域规模最大的综合性展会）、第 132 届中国进出口商品交易会（简称"广交会"）、第五届中国国际进口博览会（全球首个以进口为主题的国家级展会）相继举办，继续发挥促进中国全方位对外开放、推动贸易高质量发展、联通国内国际双循环的重要平台作用。加快培育各类外贸发展集聚区，新设 40 个专业类特色服务出口基地、13 个中医药服务出口基地，推动贸产融合，为贸易高质量发展提供有力平台支撑。

（二）货物贸易再上新台阶

1. 贸易规模首次突破 40 万亿元

2013 年，中国货物贸易进出口总值突破 4 万亿美元，首超美国、跃居世界第一位，近年来稳居首位。2021 年，中国货物贸易进

出口总值连跨 5 万亿美元和 6 万亿美元大关。2022 年，全球货物贸易出现大幅波动，三季度同比增速明显提升，但四季度增速由正转负、下降 1.43%；中国外贸发展基本与全球同步，全年出口增速前高后低，10 月份后单月同比增速由正转负 ①。从全年看，中国顶住内外部多重压力，对外贸易稳定运行、实现增长 4.4%，进出口总值达到 6.3 万亿美元，首破 40 万亿元人民币 ②。其中，出口 3.59 万亿美元，占全球的份额为 14.4%（见图 5-1），连续 14 年居世界首位。

图 5-1　2005—2022 年中国货物贸易进出口总值及出口全球占比

资料来源：UNCTAD 数据库。

---

① 海关总署数据。

② 《2022 年中国外贸进出口规模再上新台阶 2023 年挑战与机遇并存》，中国日报网，2023 年 1 月 14 日。

2. 外贸结构优化、新增长点逐步形成

2022 年，据海关总署统计，中国一般贸易进出口占比提高至 63.7%；出口商品技术含量和附加值不断提高，机电产品占比为 57.2%，较十年前增长将近 15 个百分点；电动载人汽车、光伏产品、锂电池等 "新三样" 成为出口新亮点，规模同比分别增长 131.8%、67.8% 和 86.7%[1]。农产品贸易多元化取得积极进展，进出口增速分别高于总体贸易 6.3 个和 9.5 个百分点；跨境电商助力释放农产品贸易增长潜力，出口 12.1 亿美元、进口 68.9 亿美元，同比分别增长 153% 和 15.7%[2]。

3. 价值链枢纽地位进一步巩固

以外贸为纽带，中国深度参与国际分工、地位不断上升，与美国、德国同为全球价值链三大枢纽。2022 年，中国是 140 多个国家和地区的主要贸易伙伴[3]（在各国对外贸易总值中居前三位）；在全球货物贸易网络上的中心度指数位列前三[4]。

（三）服务贸易国际竞争力进一步提升

1. 服务贸易规模保持全球第二

随着服务业对外开放和监管体制改革的不断深化，根据联合国贸易和发展会议（UNCTAD）数据测算，十年来中国服务贸易保持快速增长，年均增速为 6.1%，高出全球 3.1 个百分点。2022 年，虽然

---

① 《国务院新闻办发布会介绍 2022 年商务工作及运行情况》，2023 年 2 月 3 日。
② 《打好农产品对外贸易这张牌》，中国经济网，2023 年 3 月 2 日。
③ 《中国成为 140 多个国家和地区的主要贸易伙伴——国际经济合作和竞争新优势不断增强》，中国政府网，2022 年 11 月 23 日。
④ 国务院发展研究中心课题组。

受疫情反复影响，服务贸易仍保持较快增长，据商务部统计，全年进出口总额为 5.98 万亿元（见图 5-2），同比增长 12.9%；其中，出口 2.85 万亿元，进口 3.13 万亿元，为中国外贸增长提供助力。

2. 知识密集型服务贸易稳步增长

2022 年，中国知识密集型服务进出口 2.5 万亿元，增长 7.8%，占服务贸易总额的比重为 41.9%；其中，出口 1.4 万亿元，增长 12.2%，特别是知识产权使用费，电信、计算机和信息服务出口增长较快，增速分别为 17.5% 和 13%[①]。

图 5-2 2005—2022 年中国服务贸易总额及出口全球占比

注：服务贸易总额数据来自中国国家外汇管理局统计，全球占比数据是联合国贸易和发展会议测算结果。
资料来源：联合国贸易和发展会议数据库、中国国家外汇管理局。

[①] 《商务部：2022 年我国服务贸易保持较快增长 旅行服务进出口继续恢复》，中国证券网，2023 年 1 月 30 日。

3. 数字服务贸易保持快速发展

服务贸易数字化转型趋势日益显著，大大提高了服务的可贸易性。通过建立健全数字贸易促进政策体系、培育形式多样的数字贸易发展示范平台，中国服务贸易数字化进程不断加速，数字强贸取得积极进展。根据联合国贸易和发展会议（UNCTAD）统计，2018—2022 年，中国可数字化交付服务贸易由 2562 亿美元增至 3711 亿美元，年均增速 9.7%，占服务贸易比重由 32.4% 增至 41.7%。

4. 对外承包工程居全球领先地位

2022 年，中国对外承包工程完成营业额达 1550 亿美元[①]，美国《工程新闻纪录（ENR）》2022 年评选的全球前 250 位国际承包商中，中国内地有 79 家企业入选，企业数和业务占比继续保持全球第一位，影响力持续提升。

（四）外贸新业态新模式活力不断展现

抢抓国际贸易服务化、数字化、离岸化发展新机遇，通过不断健全通关、财税、外汇等政策支撑体系以及跨境支付、物流等基础设施，中国外贸新业态新模式快速发展。一是跨境电商成为稳外贸、促消费的重要抓手。2022 年，据海关总署统计，中国跨境电商进出口 2.1 万亿元，其中出口 1.53 万亿元，较上年同期增长 10.1%，占全国出口总值的 6.4%。二是市场采购贸易蓬勃发展。2022 年，全国新设市场采购贸易试点 8 个，总数达 39 个；据商务部统计，出口 8884 亿元，占

---

① 商务部：《2022 年中国对外承包工程业务简明统计》，2023 年 2 月 13 日。

外贸出口比重为 3.7%，对支持更多中小微市场主体拓展国际市场起到重要作用。三是离岸贸易探索取得新突破。2022 年，全国新型离岸国际贸易总体平稳增长；部分省市依托自身优势进行差异化探索，上海集成电路委外加工、苏州服务于供应链的全球采购、海南和厦门的大宗商品离岸转手买卖等取得新进展，如海南自贸港新型离岸国际贸易跨境收支为 184.5 亿美元，同比增长 1.5 倍[①]。四是保税维修发展潜力日益显现。为顺应"制造＋服务"融合发展新趋势和跨国公司供应链升级新要求，中国鼓励支持保税维修业务发展。2022 年，保税维修进出口达 1984 亿元，同比增长 32.7%[②]；截至 2022 年底，已有 228 个保税维修项目在 20 多个省市落地。

二、双向投资实现新发展

跨境投资是中国对外开放的重要组成部分。党的十八大以来，中国坚持"引进来"与"走出去"并举，大力推进市场开放，取得一系列制度型开放成果，深度融入全球化体系，不断提升在全球价值链中的地位，跃升为双向投资大国。党的二十大报告提出，"合理缩减外资准入负面清单，依法保护外商投资权益，营造市场化、法治化、国际化一流营商环境""增强国内国际两个市场两种资源联动效应，提

---

① 《海南新型离岸国际贸易涉外收支逾 184 亿美元》，海南自由贸易港网，2023 年 2 月 11 日。

② 海关总署：《加快出台新时期推动综合保税区高质量发展的改革措施》，中国网财经，2023 年 3 月 20 日。

升贸易投资合作质量和水平"，为开展双向投资合作进一步指明方向。2022 年，国际形势严峻复杂，全球跨境投资面临多重挑战，中国坚持扩大开放，多措并举推动双向投资质量效益持续提升、国际影响力明显增强，吸收外资和对外投资稳居世界前列，为促进中国经济高质量发展、稳定全球投资作出重要贡献。

（一）推动双向投资管理制度创新和市场开放

1. 不断扩大市场准入

党的十八大以来，中国确立了外资准入前国民待遇加负面清单管理制度，取消了执行 40 多年的外商投资企业设立及变更"逐案审批"制度[①]。2021 年底召开的中央经济工作会议提出，"落实好外资企业国民待遇，吸引更多跨国公司投资，推动重大外资项目加快落地"。2022 年 7 月召开的中央政治局会议强调"做好技术、外资引进工作"。2022 年中国出台《关于以制造业为重点促进外资扩增量稳存量提质量的若干政策措施》，发布《鼓励外商投资产业目录（2022 年版）》，引导外资更多投向先进制造业、现代服务业、高新技术等领域。自贸试验区版和全国版外资准入负面清单当前已分别压缩至 27 条和 31 条，制造业限制性措施在自贸试验区实现"清零"，为外资企业提供更大市场机遇。

2. 加大投资权益保护力度

2022 年，中国继续深入实施《中华人民共和国外商投资法》及其

---

① 商务部：《"十四五"利用外资发展规划》，2021 年 10 月 24 日。

实施条例，坚持优化营商环境，持续加大知识产权保护力度，完善外商投诉工作机制。各部门及时了解外资企业诉求，通过外资外贸协调机制、重点外资项目工作专班积极协调解决外资企业面临的困难与问题，推动产业链供应链恢复畅通。

3. 加强对外投资引导与管理

中国高度重视引导规范企业对外投资行为，2022年出台的《关于推进社会信用体系建设高质量发展促进形成新发展格局的意见》，进一步要求完善境外投资备案核准制度，优化真实性合规审核，加强失信惩戒，为加强对外投资信用管理提供重要指引。

4. 推动数字经济和绿色发展对外投资合作

在近年来出台的数字经济、绿色发展对外投资合作指引基础上，2022年，中国出台《关于推进共建"一带一路"绿色发展的意见》《对外投资合作建设项目生态环境保护指南》等政策，引导中资企业助力东道国数字和绿色双转型。

5. 积极参与国际投资促进与规则制定

2022年生效的RCEP的投资章节涵盖投资保护、促进、自由化和便利化等内容，是中国首次在自贸协定中以投资负面清单形式作出承诺。中国举办了第22届国际投资贸易洽谈会，致力于投资促进和打造自由化便利化的国际投资合作平台。

（二）吸收外资稳居世界前列

1. 引资规模首次突破1.2万亿元

2022年，国际投资形势更趋严峻复杂，跨国公司投资动力减弱，全球跨境投资流量下降 12%①。中国供应链韧性与市场规模优势凸显，创新应用场景、高质量人力资源等新的引资优势逐步显现，仍是跨国公司投资的重要目的地。2022 年，中国吸引外资进一步扩增量、优结构、提质量，据商务部统计②，按人民币计首次突破 1.2 万亿元，达到 12326.8 亿元；以美元计达 1891.3 亿美元，同比增长 4.5%，占全球比重达 14.6%，居全球第二位（见图 5-3）。

图 5-3　2012—2022 年中国实际使用外资规模及占全球比重

资料来源：中国商务部、联合国贸易和发展会议。

---

① 联合国贸易和发展会议（UNCTAD）：*World Investment Report 2023*，2023 年 7 月 5 日。

② 商务部：《2022 年全国实际使用外资稳定增长》，2023 年 1 月 18 日；《中国外资统计公报 2023》，2023 年 9 月 26 日。

2. 先进制造业、高技术产业成为引资重要增长点

中国超大规模市场叠加产业配套、创新生态等综合优势，对高技术、高附加值领域外资吸引力增强。2022 年，制造业实际使用外资 3237 亿元，同比增长 46.1%。其中，汽车行业引资大幅增长 263.8%，计算机通信、医药制造引资分别增长 67.3% 和 57.9%。高技术产业实际使用外资 4450 亿元，增长 28.3%，高技术制造业、高技术服务业引资分别增长 49.6% 和 21.9%。2022 年，外商投资规模以上工业企业实现营业收入 285894.7 亿元，同比增长 1.3%。

3. 主要来源地投资实现较快增长

主要投资来源地看重在华投资机遇，韩国、德国、英国、日本等对华投资增幅达 16.1%~64.2%。从区域看，欧盟、"一带一路"沿线国家、东盟对华投资分别增长 92.2%、17.2% 和 8.2%，区域投资合作进一步增强。

4. 外资大项目带动作用凸显

2022 年，合同金额 1 亿美元以上外商投资项目达 6534.7 亿元，增长 15.3%，占全国实际使用外资的 53%，助力推动中国产业转型升级。

5. 外商投资助力推进高质量发展

外资企业以不到全国企业总数的 2%，贡献了 1/3 的进出口和 1/6 的税收[①]。跨国公司在华设立地区总部、研发中心累计超过 2000 家。规模以上外资工业企业研发投入从 2012 年的 1764 亿元增至 2021 年

---

① 　郭婷婷:《在开放合作中加快建设现代化产业体系》,《经济日报》2023 年 8 月 5 日第 3 版。

的 3377 亿元、有效发明专利数从 6.8 万件增至 24.1 万件 [①]，为中国与全球的创新合作提供了重要路径。

（三）继续保持对外投资大国地位

1. 对外投资规模稳居世界前列

近年来，中国对外投资持续增长，2015 年起对外投资流量与引资流量基本持平，由资本流入为主的引资大国转变为双向投资大国。据联合国贸易和发展会议 [②] 及中国商务部 [③] 数据，从流量看，2022 年中国对外投资稳中有进，全行业对外直接投资流量 1631.2 亿美元，居全球第二位，占全球的 10.9%。从存量看，截至 2022 年末，中国对外直接投资存量 2.75 万亿美元，占全球的 6.9%，全球排名从 2012 年的第十三位上升为第三位。

2. 对部分产业与区域投资呈现新增长

从产业分布看，六大领域投资超过百亿美元。据商务部统计，2022 年中国制造业对外投资 271.5 亿美元，同比增长 1%，由上一年的第三位上升至第二位；租赁和商务服务业对外投资 434.8 亿美元，保持首位；金融业、批发和零售业、采矿业、交通运输 / 仓储和邮政业对外投资分别为 221.2 亿、211.7 亿、151 亿和 150.4 亿美元。绿色等新兴领域对外投资较快发展，据中国电力协会统计，2022 年中国

---

① 《为支持外资在华开展科技创新出实招——解读鼓励外商投资设立研发中心若干措施》，新华社，2023 年 1 月 18 日。

② 联合国贸易和发展会议（UNCTAD）：*World Investment Report 2023*，2023 年 7 月 5 日。

③ 中华人民共和国商务部、国家统计局、国家外汇管理局：《2022 年度中国对外直接投资统计公报》，中国商务出版社，2023，第 3-7 页。

电力企业对外投资的项目中，新能源项目数量较 2020 年增加 55.6%，占比约 58%[①]。从区域分布看，截至 2022 年底，中国对外直接投资存量分布在全球 190 个国家和地区，近九成分布在发展中经济体。中国 2013—2022 年累计对"一带一路"共建国家直接投资超过 2400 亿美元[②]，为共建国家经济增长作出积极贡献。

3. 中国企业国际化经营能力不断提升

具有品牌影响力、一定产业链带动能力的跨国企业不断涌现。联合国贸易和发展会议发布的 2022 年非金融类企业海外资产全球百强中，中国大陆企业有 9 家，在美、法、德、英、日之后位居第六位。越来越多企业加大本地化投入，在海外建立生产基地、研发中心、数据中心等，加强创新资源优化配置与国际创新合作。

4. 对外投资对东道国贡献持续显现

中资企业为东道国带来税收、就业和研发等重要贡献。据商务部统计，2013 年至 2022 年，中国在投资所在国家和地区累计缴纳税金超过 4400 亿美元，年均提供超过 200 万个就业岗位[③]。据欧盟中国商会统计，在欧中资企业来自欧盟的员工占比超过 80%[④]。

[①] 《绿色经济助电力企业走出去》，《经济日报》2023 年 7 月 18 日第 6 版；中国电力企业联合会：《中国电力行业年度发展报告 2023》，2023 年 7 月 7 日。

[②] 国务院新闻办公室：《共建"一带一路"：构建人类命运共同体的重大实践》白皮书，2023 年 10 月。

[③] 中华人民共和国商务部、国家统计局、国家外汇管理局：《2021 年度中国对外直接投资统计公报》，中国商务出版社，2022，第 8 页；《2022 年度中国对外直接投资统计公报》，中国商务出版社，2023，第 6 页。

[④] 欧盟中国商会：《携手并进，共铸未来——中国企业在欧盟发展报告 2022》，2022 年 9 月 30 日。

三、金融开放有序深化

金融开放是中国高水平开放的重要组成部分。党的十八大以来，中国大幅放宽金融服务业市场准入，取消银行、证券、基金管理、期货、人身险等领域的外资持股比例限制，大幅扩大外资机构业务范围。同时，积极推动金融市场双向开放，形成涵盖股票市场、债券市场、外汇市场、衍生品市场的全面开放格局。持续深化金融开放，不仅有利于引入竞争完善国内金融体系，提升金融资源配置效率，而且丰富了全球共享中国发展红利的渠道，有利于促进中外利益紧密联结。

（一）持续扩大金融服务业开放

党的十八大以来，特别是 2018 年以来，中国从给予外资机构国民待遇、取消外资持股比例限制、放宽股东资质要求、扩大业务范围等方面，全面推进金融服务业高水平开放。银行业方面，2019 年底前取消银行持股比例限制、外国银行来华设立外资法人银行和分行的总资产要求，截至 2022 年末，外国金融机构在华共设立 41 家外资法人银行、116 家外国银行分行和 135 家代表处，营业性机构总数 911 家。保险业方面，2020 年底前取消人身险公司外资持股比例、经营年限要求等准入条件，2022 年 9 月取消外资保险公司持股比例上限，截至 2022 年末，外国金融机构在华共设立 68 家外资保险机构和 79 家代表处[①]。证券期货业方面，取消证券公司、基金管理公司和期货公司外资股比限制，证券、基金、期货业均已设立外商独资机构。此外，中国还在支付、评级、企业征信等领域给予外资机构国民待遇，美国运通、万事达已分别设立合资或外资控股银行卡清算组织，标普、穆迪、惠誉等国际评级机构均在华设立独资公司，外商独资及合资征信公司也获批设立。

（二）金融市场双向开放取得积极进展

1. 股票市场双向开放取得积极进展

一是互联互通机制下外资保持净流入态势。2022 年，受疫情超预期等因素冲击，中国股市波动幅度较大，外资呈现月度有进有出、年度累计净流入的格局，全年通过沪深港通机制净流入 3359 亿元（见图 5-4）。二是中欧资本市场互联互通持续深化。2022 年，互联互通存托凭证业务适用范围扩展至瑞士和德国，"沪伦通"升级为"中欧通"。

2. 债券市场开放稳步推进

一是持续推进境外机构投资者投资债市便利化改革。2022 年发布系列文件，支持和规范境外机构投资者投资中国债券市场，投资便利性增强。受乌克兰危机、中外货币政策走向分化及中美利差倒挂等因素影响，2022 年外资总体流出债市。据中国人民银行统计，2022 年末，境外机构在中国债券市场的托管余额为 3.5 万亿元，占中国债

---

① 外资银行机构及保险业机构的数据来源于原银保监会副主席曹宇 2023 年 3 月 18 日出席全球财富管理论坛 2023 年会时的讲话。

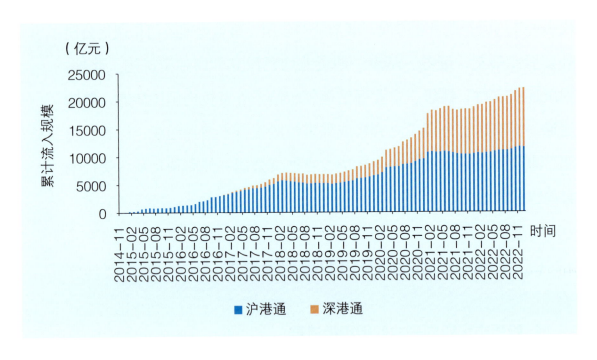

图 5-4　外资通过沪深港通累计净流入股市规模

资料来源：万得（Wind）。

券市场托管余额的 2.4%[①]。二是大力推进"熊猫债"市场开放。2022年发布系列文件，优化"熊猫债"注册发行机制，明确境外机构境内发行债券募集资金可汇往境外，也可留存境内使用。

（三）有序推进人民币国际化

1. 人民币国际货币地位稳步提升

一是人民币在特别提款权（SDR）货币篮子中的权重提升。2022年5月，国际货币基金组织将人民币在特别提款权货币篮子中的权重上调1.36个百分点至 12.28%，并于同年8月生效（见表 5-1）。二是人民币

---

① 中国人民银行：《2022 年金融市场运行情况》，2023 年 1 月 21 日。

跨境使用规模稳步增长。环球银行金融电信协会（SWIFT）数据显示，2022 年人民币在国际支付中的平均份额为 2.31%，较 2021 年高 0.09 个百分点，为第五大国际支付货币。据中国人民银行统计，中国经常项下和直接投资跨境人民币结算规模分别达 10.5 万亿元和 6.8 万亿元，较 2021 年分别增长 32.2% 和 16.6%[①]。三是人民币投资货币功能增强。国际清算银行 2022 年的调查数据显示，人民币日均交易额为 5260 亿美元，所占份额为 7%（买卖双边合计为 200%），占比较 2019 年调查数据高 2.7 个百分点，居全球货币第五位[②]。四是人民币融资货币功能保持平稳。根据中国人民银行《2022 年人民币国际化报告》，超过 70% 的受访境外工商企业表示，当美元、欧元等国际货币流动性较为紧张时，会考虑将人民币作为融资货币。五是人民币储备货币功能保持稳定。根据国际货币基金组织数据，2022 年末，人民币外汇储备规模为 2878.1 亿美元，占全球外汇储备 2.42%，仍为第五大外汇储备货币[③]。

表 5-1　主要货币在特别提款权（SDR）货币篮子中的权重

币种	占比 （%，2022 年 8 月）	占比 （%，2016 年 10 月）	变化 （百分点）
人民币	12.28	10.92	1.36
美元	43.38	41.73	1.65
欧元	29.31	30.93	−1.62
日元	7.59	8.33	−0.74
英镑	7.44	8.09	−0.65

资料来源：国际货币基金组织（IMF）。

---

① 中国人民银行：《2022 年金融统计数据报告》，2023 年 1 月 11 日。
② 国际清算银行外汇交易量分国别数据。
③ 国际货币基金组织的官方外汇储备货币构成（COFER）数据。

2. 国际货币合作不断深化

一是货币互换合作不断加深。2022 年，中国人民银行与多个国家和地区货币当局续签双边本币互换协议。据中国人民银行统计，境外货币当局在货币互换项下动用人民币余额明显增长，2022 年末达到 887.77 亿元，较 2021 年末增长 44.3%（见图 5-5）。二是本币结算合作不断深化。2021 年与柬埔寨、印度尼西亚签署本币合作协议或框架，扩大本币结算范围。据中国人民银行统计，2022 年上半年，中国与印度尼西亚贸易和直接投资人民币跨境收付额为 322.1 亿元，同比增长 56.7%[①]。三是人民币流动性支持机制建设取得重要进展。

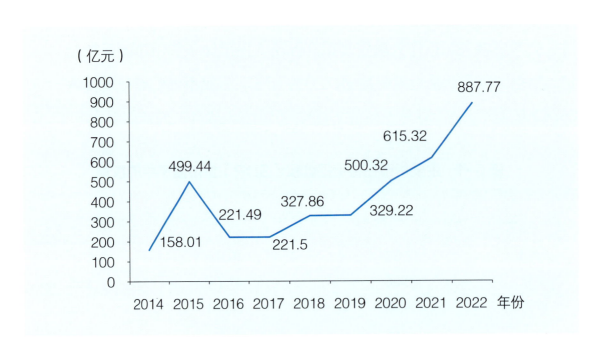

图 5-5　双边本币互换协议下境外货币当局动用人民币余额

资料来源：历年第四季度中国货币政策执行报告。

---

① 中国人民银行:《2022 年人民币国际化报告》，2022 年 9 月 23 日。

2022 年，中国人民银行与国际清算银行签署参加人民币流动性安排的协议，以便在国际金融市场波动时为印度尼西亚、马来西亚、中国香港、新加坡、智利等参与该协议的货币当局提供人民币流动性支持。

3. 人民币基础设施建设持续推进

一是人民币跨境支付系统（CIPS）业务较快增长。2022 年，人民币跨境支付系统（CIPS）累计处理人民币支付业务 96.7 万亿元，同比增长 21%。截至 2022 年末，境内外 1366 家机构通过直接或间接方式接入 CIPS，服务遍及全球 3900 多家法人银行机构、覆盖 180 多个国家和地区[1]。二是人民币清算行持续增加。截至 2022 年末，中国人民银行已在 29 个国家和地区授权 31 家人民币清算行，对全球主要国际金融中心实现全覆盖，较 2021 年末新增 4 个国家或地区、4 家人民币清算行[2]。

四、高水平对外开放平台加快构筑

建立高水平对外开放平台，是构建全面开放新格局、推进制度型开放的重要载体。党的十八大以来，中国设立自贸试验区、自贸港等高水平开放平台，积极对标国际高标准经贸规则、围绕制度创新先行先试，为全面深化改革、扩大开放探索新路径、积累新经验。2022 年

---

[1] 跨境银行间支付清算有限公司数据。

[2] 中国人民银行：《2022 年人民币国际化报告》，2022 年 9 月 23 日；《热点问答：稳慎推进人民币国际化的机遇和挑战》，新华网，2023 年 7 月 1 日。

政府工作报告提出，扎实推进自贸试验区、海南自由贸易港建设，提高综合保税区发展水平，增设服务业扩大开放综合试点。全年来看，各类开放平台发展取得新成效，开放引领作用更加突出。

（一）先行先试助力加快制度型开放

1. 自贸试验区积极开拓制度型开放新路径

习近平总书记指出，建设自由贸易试验区是党中央在新时代推进改革开放的一项战略举措，在中国改革开放进程中具有里程碑意义[①]。自贸试验区以制度创新为核心，坚持大胆试、大胆闯，率先推出外商投资准入负面清单，率先探索国际贸易"单一窗口"、自由贸易账户、"证照分离"等制度创新，率先探索建立适应高水平开放的监管制度创新与风险防范体系。自 2013 年设立至 2022 年底，累计形成 278 项改革试点经验向全国复制推广，各省（自治区、直辖市）累计向自贸试验区下放超过 5400 项省级管理权限，贸易便利化水平持续全国领先，"放管服"改革走在前列，成为全面深化改革开放的试验田、新标杆。同时，各自贸试验区积极开展差异化探索，在省内复制推广创新经验。

2. 海南自贸港高水平开放取得新进展

2020 年 6 月《海南自由贸易港建设总体方案》公布后，出台外商投资负面清单（2020 年版）、全国首张跨境服务贸易负面清单（2021 年版）；动态优化"一负两正"零关税清单，覆盖面不断扩大；

[①]《习近平：把自由贸易试验区建设成为新时代改革开放新高地》，新华社，2018 年 10 月 24 日。

出台加工增值货物内销免征关税政策，并扩大至海关特殊监管区外的园区试点实施。截至2022年底，累计发布15批134项制度创新成果，其中8项面向全国复制推广。基于实践探索的制度成果，贸易投资自由化便利化水平不断提升。

3. 服务贸易创新发展试点大胆探索服贸发展新机制

试点地区着力探索提升要素流动的自由化便利化水平、完善营商环境，国务院服务贸易部际联席会议办公室面向全国推出数十个"最佳实践案例"，创新跨境金融服务模式，探索数据跨境流动等实践为中国服务贸易发展探索了新路径，成为开放发展制度创新的新高地。

（二）重大开放平台引领开放发展取得新成效

1. 自贸试验区成为全国开放型经济发展新标杆

自2013年上海设立首个自贸试验区以来，自贸试验区从点到线、从线到面，覆盖全国东西南北中，范围不断扩大、领域持续拓展，成为新形势下全面深化改革开放的试验田、新标杆。据商务部统计，2022年，21家自贸试验区实现进出口总额7.5万亿元，同比增长14.5%；高新技术产业实际利用外资增长53.2%，增速远超全国平均水平；立足自身特色和产业基础，加快探索形成一批具有较强竞争力甚至世界领先的产业集群。

2. 海南自贸港彰显开放发展新活力

随着海南自贸港建设制度框架基本确立，市场主体加快集聚、活跃度大幅提升。2022年新增市场主体超过100万户，增速连续34个月保持全国第一，一批国际知名企业机构落户海南；外向型经济实现高速增长，2022 年货物贸易增长 36.8%；实际使用外资 244.4 亿元，同比增长 7.1%；高新技术、旅游业、现代服务业和热带农业四大主导产业增加值占海南 GDP 比重升至 70%，对经济增长贡献率超 80%[1]。全国工商联调查显示，海南营商环境全国排名前移 4 位。

3. "双试点"形成服务贸易发展新经验

服务业扩大开放综合试点持续深化，扩围至 10 余个省市，推动形成市场更加开放、环境更加优良的服务业开放格局。持续深化服务贸易创新发展试点，28 个城市和地区结合产业优势在差异化创新中落实开放创新的试点任务，2022 年所在省市服务贸易占全国 90% 以上的比重，有力促进中国服务贸易快速发展。

（三）对外开放平台正在成为带动区域发展和服务国家战略新引擎

1. 开放平台带动区域开放发展实现新突破

据商务部统计，2022 年，21 个自贸试验区以不到全国千分之四的国土面积，贡献了全国 17.8% 的进出口额、吸收外资占到全国 18.1%[2]；海南自贸港对外贸易在 2021 年突破千亿元基础上，2022 年增长 36.8%，突破 2000 亿元大关，吸引外资连续三年翻番后，2022 年达 37 亿美元，五年实际引资超过之前 30 年的总和[3]；全国综合保税

---

[1] 海南省统计局数据。

[2] 商务部数据。

[3] 海南省统计局数据。

区进出口达 6.56 万亿元人民币，增长 11.4%，占全国贸易的 15.6%，重庆综保区和郑州新郑综保区居全国前两位，分别占重庆和河南贸易总额的 65.7% 和 55%[1]，对中西部地区开放经济发展带动作用日益显著。

2. 开放平台积极服务国家战略取得新进展

自贸试验区在全面深化改革、扩大开放先行先试进程中，对内积极服务粤港澳大湾区建设、长三角一体化、长江经济带建设、京津冀一体化等区域发展战略；对外经济合作上，积极服务共建"一带一路"，加快建设国际陆海贸易新通道。上海自贸试验区临港新片区积极建设具有国际市场影响力和竞争力的特殊经济区，构建开放型产业体系；广东自贸试验区充分发挥临近港澳优势，探索建立粤港澳金融合作创新体制机制，不断提升粤港澳服务贸易自由化便利化水平，积极推进粤港澳大湾区建设。

五、推动建设开放型世界经济

面对经济全球化逆流和百年未有之大变局，习近平主席提出，以更大的开放拥抱发展机遇，以更好的合作谋求互利共赢[2]，引导经济全球化朝正确方向发展。中国高举和平、发展、合作、共赢旗帜，坚持倡导共商共建共享的全球治理观，推动构建人类命运共同体，在

---

① 海关总署数据。

② 《在开放中创造机遇　在合作中破解难题——论习近平主席在第三届中国国际进口博览会开幕式上主旨演讲》，《人民日报》2020 年 11 月 6 日第 1 版。

国际社会引发强烈反响和广泛认同。2022 年，中国首次提出全球安全倡议^①，宣布落实全球发展倡议的 32 项务实举措^②，参与和引领多双边经济合作、推动高质量共建"一带一路"、积极参与应对全球性挑战，为推动全球经济治理变革，推动全球经济向开放、包容、普惠、平衡、共赢方向发展，贡献了中国智慧、中国方案，彰显大国责任担当。

（一）全球化逆流下坚持推进开放共赢合作

1. 坚定维护多边贸易体制

在多边贸易谈判长期停滞的背景下，中国发挥积极作用，全面深入参与世界贸易组织（WTO）改革谈判，发布《中国与世界贸易组织》白皮书^③、关于世贸组织改革的立场文件^④和建议文件^⑤，强调优先处理危及世贸组织生存的关键问题。2022 年 6 月，中国和大多数世贸组织成员共同努力，推动世贸组织第 12 届贸易部长会议取得积极成果。2022 年 12 月，中国主动设置、引领的首个世贸组织谈判议题《投资便利化协定》实质性结束文本谈判；中国与美欧等推进《服务贸

---

① 2022 年 4 月 21 日，习近平主席在博鳌亚洲论坛年会开幕式上以视频方式发表题为《携手迎接挑战，合作开创未来》的主旨演讲，首次提出全球安全倡议。参见王毅：《落实全球安全倡议，守护世界和平安宁》，《人民日报》2022 年 4 月 24 日第 6 版。

② 2022 年 6 月 24 日，在全球发展高层对话会上，中国宣布落实全球发展倡议的 32 项务实举措。参见《以人民之心为心 以天下之利为利》，《人民日报》2022 年 6 月 28 日第 3 版。

③ 中国国务院新闻办公室：《中国与世界贸易组织》白皮书，2018 年 6 月 28 日。这是中国首次就这一问题发表白皮书。参见《〈中国与世界贸易组织〉白皮书首次发表》，人民网，2018 年 6 月 29 日。

④ 商务部：《中国关于世贸组织改革的立场文件》，2018 年 11 月。

⑤ 《中国关于世贸组织改革的建议文件》，2019 年 5 月中国向世界贸易组织正式提交该文件。

易国内规制参考文件》在世贸组织启动生效程序。

2. 构建高标准自由贸易区网络取得重大进展

截至 2022 年底，中国已与 26 个国家和地区签署 19 个自贸协定，地域范围覆盖五大洲，显著提升了货物贸易、服务贸易与投资开放水平。2022 年，中国与自贸协定伙伴的贸易额达到 14.25 万亿元人民币，同比增长 7.7%，占外贸总额的 34%。2022 年 1 月，《区域全面经济伙伴关系协定》（RCEP）正式生效实施，是全球人口最多、经贸规模最大、最具发展潜力的自贸协定。2022 年，中国与 RCEP 成员贸易额达 12.95 万亿元人民币，占外贸总额的 30.8%；非金融类直接投资 179.6 亿美元，吸收其他成员国直接投资 235.3 亿美元，双向投资增速均高于总体水平。中国还在持续推进多个区域和双边自贸协定的谈判或升级谈判。2021 年，中国正式申请加入《全面与进步跨太平洋伙伴关系协定》（CPTPP）与《数字经济伙伴关系协定》（DEPA）。2022 年 8 月，中国加入 DEPA 工作组正式成立，全面启动加入谈判工作。

3. 支持二十国集团发挥全球经济合作主要论坛作用

2022 年 11 月，二十国集团领导人第十七次峰会在印度尼西亚的巴厘岛举行。习近平主席出席会议并发表重要讲话，强调二十国集团成员要推动更加包容、更加普惠、更有韧性的全球发展，"各国应该相互尊重，求同存异，和平共处，推动建设开放型世界经济"①。巴厘岛峰会主题为"共同复苏、强劲复苏"，聚焦全球卫生基础设施、数字化转型和可持续的能源转型三大优先议题。峰会通过的《二十国集团

———————

① 《倡导共同发展　展现大国担当》，《人民日报》2022 年 11 月 18 日第 2 版。

领导人巴厘岛峰会宣言》强调，作为大型经济体，二十国集团成员认识到有必要通过承担集体责任、采取合作措施，以促进世界经济复苏、应对全球挑战，为强劲、可持续、平衡和包容增长奠定基础。中国提出《二十国集团数字创新合作行动计划》，旨在推动数字技术创新应用，实现创新成果普惠共享，在数字产业化、产业数字化方面推进国际合作，释放数字经济推动全球增长的潜力。

4. 金砖"中国年"取得丰硕成果

2022年，中国作为金砖国家主席国成功举办170多场会议和活动，推动政治安全、经贸财金、人文交流、可持续发展和公共卫生等多领域合作取得重要进展。成功举办金砖国家领导人第十四次峰会，发表《北京宣言》和《金砖国家贸易投资与可持续发展倡议》等多项倡议，在坚持多边主义、完善全球治理体系、促进世界经济复苏、团结抗击疫情、反对单边经济制裁和长臂管辖、加快落实2030年可持续发展议程、加强人文交流等方面，凝聚金砖共识、汇聚增长合力，开启金砖合作新征程。

5. 为 APEC 贡献"中国智慧"

2022年11月亚太经合组织（APEC）第二十九次领导人会议在泰国曼谷举行。习近平主席在会上提出：维护国际公平正义，建设和平稳定的亚太；坚持开放包容，建设共同富裕的亚太；坚持绿色低碳发展，建设清洁美丽的亚太；坚持命运与共，建设守望相助的亚太[1]。中国积极推动通过了《2022年亚太经合组织领导人宣言》和《生物循环绿色经济曼谷目标》，体现共建亚太命运共同体、新发展理念等区

---

[1] 《携手构建亚太命运共同体 再创亚太合作新辉煌——习近平主席在亚太经合组织会议上的系列重要讲话引发国际社会热烈反响》，新华社，2022年11月18日。

域开放合作的政策主张，为促进贸易投资合作、亚太和世界经济的平衡、包容和可持续增长，发挥积极作用。

6. 推动上海合作组织开放发展

2022年9月，上海合作组织元首理事会在乌兹别克斯坦举行，会议签署并发表《上海合作组织成员国元首理事会撒马尔罕宣言》以及关于维护国际粮食安全、国际能源安全、应对气候变化、维护供应链安全稳定多元化等多份声明和文件，批准成员国睦邻友好长期合作条约未来5年实施纲要等一系列决议[1]。习近平主席在会上指出，上海合作组织作为国际和地区事务中重要建设性力量，要勇于面对国际风云变幻，牢牢把握时代潮流，不断加强团结合作，推动构建更加紧密的上海合作组织命运共同体[2]。经过2017年和2022年两次扩员，上海合作组织目前有9个成员国、3个观察员国、14个对话伙伴国[3]，国际影响力不断扩大，经贸合作日益深化，促进了地区共同发展。

---

① 会议还签署了关于伊朗加入上海合作组织义务的备忘录，启动接收白俄罗斯为成员国的程序，批准埃及、沙特阿拉伯、卡塔尔，同意巴林、马尔代夫、阿联酋、科威特、缅甸为新的对话伙伴。

② 《习近平在上海合作组织成员国元首理事会第二十二次会议上的讲话》，新华社，2022年9月16日。

③ 9个成员国是中国、俄罗斯、塔吉克斯坦、吉尔吉斯斯坦、哈萨克斯坦、乌兹别克斯坦、印度、巴基斯坦、伊朗；3个观察员国是阿富汗、白俄罗斯、蒙古国；14个对话伙伴国是阿塞拜疆、亚美尼亚、柬埔寨、尼泊尔、土耳其、斯里兰卡、沙特阿拉伯、埃及、卡塔尔、巴林、马尔代夫、阿联酋、科威特、缅甸。

（二）推动共建"一带一路"高质量发展取得新成就

1."一带一路"倡议成为深受欢迎的国际公共产品和国际合作平台

2013年9月和10月，习近平主席在出访哈萨克斯坦和印度尼西亚时先后提出共建"丝绸之路经济带"和"21世纪海上丝绸之路"重大倡议（后合称"一带一路"倡议）。倡议提出后，中国坚持共商共建共享原则，秉持和平合作、开放包容、互学互鉴、互利共赢理念，致力于实现高标准、可持续、惠民生目标，全方位推进务实合作，打造政治互信、经济融合、文化包容的责任共同体、利益共同体和命运共同体。截至2022年底，中国已与150个国家和32个国际组织签署200余份共建"一带一路"合作文件，涵盖投资、贸易、科技、人文等领域。目前共建"一带一路"已从谋篇布局的"大写意"阶段进入精谨细腻的"工笔画"阶段，为世界经济合作发展提供了新平台、开辟了新空间。

2. 中国与共建国家贸易投资联系日益增强

根据《共建"一带一路"：构建人类命运共同体的重大实践》白皮书，2013—2022年，中国与"一带一路"共建国家进出口总额累计19.1万亿美元，年均增长6.4%；与共建国家双向投资累计超过3800亿美元，其中中国对外直接投资超过2400亿美元。2022年，中国与共建国家进出口总额近2.9万亿美元，占同期中国外贸总值的45.4%，较2013年提高了6.2个百分点。中欧班列通达范围不断扩大，运行线路已达86条，连通欧洲25个国家的216座城市，开行数量屡创新高，2022 年开行 1.6 万列、发送 160 万标箱，同比分别增长 9%、10%[①]。

3. 一大批标志性项目落地、造福各国人民

十年来，共建"一带一路"拉动投资规模近万亿美元，实施 3000 多个合作项目，"五通"水平大幅提升，其中包括东盟第一条高速铁路雅万高铁[②]、柬埔寨第一条高速公路金港高速、巴基斯坦卡洛特水电站、沙特海水淡化等项目，共帮助近 4000 万人摆脱贫困，在促进地区经济发展和百姓民生福祉提升方面发挥了重要作用。例如，2022 年是中老铁路开通运营一周年[③]，在此期间，该线路累计运送货物 1120 万吨，跨境运输货值超 130 亿元人民币，发送旅客 850 万人次，极大地便利了沿线居民出行。

4. "数字丝绸之路"创造合作新机遇

习近平主席在第一届"一带一路"国际合作高峰论坛上提出共同建设"数字丝绸之路"[④]。截至 2022 年底，中国已与 17 个国家签署"数字丝绸之路"合作谅解备忘录，与 23 个国家建立"丝路电商"双边合作机制，与埃及、老挝、沙特阿拉伯等国共同发起《"一带一路"数字经济国际合作倡议》。中国不断加强与共建国家在数字经济领域的合作，推动智慧城市建设，在服务共建数字基础设施、推动贸易创新发展、促进科技国际合作等方面取得长足进展。以跨境电商等为代表

---

① 中国国家铁路集团有限公司数据。

② 2023 年 3 月 31 日，雅万高铁轨道全线铺通。

③ 2021 年 12 月 3 日，中老铁路正式开通运营。

④ 《习近平出席"一带一路"国际合作高峰论坛开幕式并发表主旨演讲》，新华社，2017 年 5 月 14 日。

的国际贸易新业态和新模式蓬勃发展，成为促进地区经贸合作的新亮点、新动力。

5. 推进绿色"一带一路"可持续发展

中国强调"共建绿色丝绸之路"，积极推动建立"一带一路"绿色低碳发展合作机制[1]。目前，中国已经与有关国家及国际组织签署 50 多份生态环境保护合作文件[2]，与 31 个国家共同发起"一带一路"绿色发展伙伴关系倡议，发起建立"一带一路"绿色发展国际联盟、生态环保大数据服务平台，制定实施《"一带一路"绿色投资原则》等[3]。2022 年 3 月，中国提出"全面停止新建境外煤电项目，稳慎推进在建境外煤电项目"，得到国际社会的广泛赞誉。

（三）为应对全球性挑战积极贡献中国力量

1. 以主动开放提振世界对经济全球化的信心

中国的发展离不开世界，世界的繁荣也离不开中国。近年来，逆全球化思潮抬头，单边主义、保护主义明显上升，据全球贸易预警组织（Global Trade Alert）统计，2009—2019 年全球每年新增的歧视性贸易及相关投资措施约为 2500 项，而 2020—2022 年年均超过 5100 项。面对严峻形势，中国以负责任大国的态度，实行更加主动的

---

① 国家发展改革委、外交部、商务部：《推动共建丝绸之路经济带和 21 世纪海上丝绸之路的愿景与行动》，2015 年 3 月 28 日。

② 例如，中国与联合国环境规划署在 2016 年 12 月签署的《关于建设绿色"一带一路"的谅解备忘录》等。

③ 国务院新闻办公室：《新时代的中国绿色发展》白皮书，2023 年 1 月 19 日。

开放战略，促进开放型世界经济发展，提升经济全球化的信心。在货物贸易方面，2022 年 9 月，中国对 16 个最不发达国家 98% 的税目产品实行零关税[①]；服务贸易方面，相比"入世"时承诺开放的 100 个服务业部门，中国在 2022 年生效的 RCEP 自贸协定中新增开放 22 个服务业部门，提高 37 个部门的开放水平[②]。

2. 发挥全球经济增长"稳定器"作用

中国贯彻创新、协调、绿色、开放、共享的新发展理念，成为世界经济增长重要的贡献者。世界银行报告显示，2013—2021 年中国对世界经济增长的平均贡献率高达 38.6%，远高于美国（18.6%），甚至超过七国集团的总和（25.7%）。2022 年，面对世界经济增长显著放缓，中国经济展现出强大韧性，实际 GDP 增长 3%，增速在全球前五大经济体[③]中排名第二位，对世界经济的贡献率接近 20%，仍是世界经济增长的重要引擎和稳定力量。

3. 与世界各国分享发展红利

一是通过扩大进口为世界经济增长创造新需求。中国有 14 亿多人口、超 4 亿中等收入群体，巨大市场已从潜力变为现实。截至 2022 年，五届中国国际进口博览会累计意向成交额达 3458 亿美元[④]。据世界贸易组织《2022 年贸易概况》（*Trade Profiles 2022*）对全球 197 个经济体的贸易统计，中国已成为 33 个经济体的最大出口市场、63 个经济体的前三大出口市场。二是向全球提供海量的高性价比产品。

[①] 财政部数据。
[②] 中国自由贸易区服务网数据。
[③] 分别为美国、中国、日本、德国、印度。
[④] 根据中国国际进口博览会官方网站公布数据加总。

目前，中国已成为 56 个经济体的最大进口来源、152 个经济体的前三大进口来源。中国产品以良好的品质、富有吸引力的价格，对提高进口国福利水平、抑制全球通胀和稳定供应链发挥了重要作用。

4. 为发展中国家可持续增长带来新机遇

一是扩大双边贸易投资合作。中国已连续 13 年保持非洲第一大贸易伙伴地位[①]；2022 年，对拉美地区贸易额达到 4858 亿美元[②]，再创历史新高，对非洲的直接投资存量从 2013 年的 262 亿美元增加到 470 亿美元，增幅接近 80%[③]。二是积极帮助发展中国家应对债务问题。中国全面落实二十国集团缓债倡议，缓债总额在二十国集团成员中最大；同有关成员一道参与二十国集团《缓债倡议后续债务处理共同框架》债务处理，为有关发展中国家渡过难关提供了支持。三是在力所能及范围内持续加大对发展中国家援助力度。2022 年 6 月，习近平主席宣布将南南合作援助基金升级为"全球发展和南南合作基金"，在 30 亿美元基础上增资 10 亿美元支持开展全球发展倡议合作[④]。

5. 始终站在国际抗疫合作"第一方阵"

面对新冠疫情全球大流行，中国呼吁各国开展药物研发合作，加快建设人类卫生健康共同体；实施新中国成立以来时间最集中、范围最广泛的紧急人道主义抗疫援助。截至 2022 年 5 月，中国累计向 153 个国家和 15 个国际组织提供了 46 亿件防护服、180 亿人份检测

---

① 商务部国际贸易经济合作研究院：《中国与非洲经贸关系报告 2023》，2023 年 6 月 29 日。
② 国家统计局数据。
③ 商务部数据。
④ 习近平：《构建高质量伙伴关系 共创全球发展新时代——在全球发展高层对话会上的讲话》，《人民日报》2022 年 6 月 25 日第 2 版。

试剂、4300 余亿只口罩和超过 22 亿剂疫苗 [①]。2022 年 6 月，世界贸易组织第 12 届部长级会议就新冠病毒疫苗知识产权豁免达成部长决定，中国作为新冠病毒疫苗生产和供应大国，在谈判关键时刻发挥了建设性作用，为决定的达成作出重要贡献。

6. 引领全球绿色发展

一是参与和引领应对气候变化全球治理。2022 年，中国全力支持主席国埃及成功主办《联合国气候变化框架公约》第 27 次缔约方大会（COP27），全面深入参与近百项议题谈判磋商，为会议取得一揽子积极成果作出重要贡献；提交《中国落实国家自主贡献目标进展报告（2022）》，体现中国推动绿色低碳发展、积极应对全球气候变化的决心和成果。二是积极推动全球生物多样性治理进程。中国作为《生物多样性公约》第十五次缔约方大会第二阶段会议主席国，推动通过了全球高度期待的、兼具雄心又务实平衡的"昆明—蒙特利尔全球生物多样性框架"，为全球生物多样性治理擘画新蓝图；承办《湿地公约》第十四届缔约方大会，通过"武汉宣言"和《2025—2030 年全球湿地保护战略框架》，为全球湿地保护修复指引方向、注入新动力。

人类发展的历史，是世界各国在逐步开放中走向合作的历史，中国的发展和世界的发展紧密相关。2022 年，中国面对复杂的国际环境，实行更加积极主动的开放战略，开放发展取得新成绩。党的二十大报告提出，"推进高水平对外开放，稳步扩大规则、规制、管理、标准等制度型开放"，为新时代新征程开放发展指明了前进方向。面对前所未有的世界之变、时代之变、历史之变，中国将始终坚持开放发

---

① 中共中央宣传部"中国这十年"系列主题新闻发布会，2022 年 6 月 14 日。

展理念、积极对标高标准国际规则，坚定不移扩大对外开放，合理缩减外资准入负面清单，在全国范围内探索跨境服务贸易负面清单管理制度，不断推进制度型开放，坚定不移分享中国发展机遇和经验，坚定不移推动构建开放型世界经济，推进经济全球化朝着更加开放、包容、普惠、平衡、共赢的方向发展，为促进世界经济繁荣和可持续发展作出新的更大贡献。

第六章 ｜ 共享发展 〉

共享是中国特色社会主义的本质要求。党的十八届五中全会明确提出，坚持共享发展必须坚持发展为了人民、发展依靠人民、发展成果由人民共享，作出更有效的制度安排，使全体人民在共建共享发展中有更多获得感，增强发展动力，增进人民团结，朝着共同富裕方向稳步前进。2022 年，按照党的二十大作出的部署，党领导人民统筹疫情防控和经济社会发展，统筹推进经济发展和民生保障，保障和改善民生取得新成效。

一、更好统筹疫情防控和
经济社会发展

新冠疫情发生以来，中国抗疫防疫历程极不平凡。以习近平同志为核心的党中央始终坚持人民至上、生命至上，团结带领全党全国各族人民同心抗疫。2022 年，隐匿性强、传播速度快、潜伏期短的奥密克戎变异株迅速在全球流行，疫情防控形势复杂多变。中国成功控制了几轮局部地区大规模疫情冲击，因时因势优化调整防控政策措施，用不到 2 个月的时间实现了疫情平稳转段，较快恢复了经济社会正常秩序，最大限度保护了人民生命安全和身体健康。

（一）因时因势优化调整防控政策措施

1. 不断提升疫情应对能力

此领域主要包括三个方面。一是密切跟踪研究，为调整防控措施提供科技支撑。密切跟踪病毒传播力、致病性等变异情况，研究不同人群免疫策略，做好疫苗接种效果评估，坚持向科学要答案、要办法。二是持续推进重点人群疫苗接种，提升人群免疫基础。及时科学合理制定并不断调整完善新冠病毒疫苗接种政策，启动序贯加强免疫接种和第二剂次加强免疫接种。专门部署老年人疫苗接种工作，印发"加强老年人新冠病毒疫苗接种工作方案"，从健全机制、做好摸底、优化服务、细化宣传等方面布置推动老年人新冠病毒疫苗接种工作。三是完善医疗救治资源准备，提升医疗救治能力。加速扩容医疗资源，不断增加传染病救治床位、重症床位和相应医疗设备，提升救治能力和救治水平。积极推进多路径药物研发，将多种药物纳入诊疗方案，附条件批准新冠病毒治疗药物奈玛特韦片／利托那韦片组合包装（Paxlovid）和莫诺拉韦胶囊进口注册，附条件批准阿兹夫定片增加治疗新冠适应症注册申请，充分发挥中医药特色优势，筛选出"三药三方"等临床有效方药。

2. 及时优化完善防控政策措施

随着疫情形势不断发生变化，在对病毒变异特点、试点研究经验进行总结的基础上，中国按照"走小步、不停步"原则，持续主动优化完善防控政策措施。2022 年 6 月，国务院联防联控机制综合组印发

《新型冠状病毒肺炎防控方案（第九版）》，优化调整风险人员的隔离管理期限和方式，统一封管控区和中高风险区划定标准，形成新的风险区划定及管控方案，完善了疫情监测的要求，明确不同场景下区域核酸检测策略。自 2022 年 11 月起，综合考虑奥密克戎变异株致病性明显下降、疫苗接种率较高、疫情防控基础等因素，相继出台疫情防控"二十条""新十条"优化措施和"乙类乙管"总体方案，防控工作全面转入"保健康、防重症"阶段。

专栏 6-1　2022 年 11 月起中国优化调整疫情防控政策措施的历程

随着疫情形势不断发生变化，综合考虑奥密克戎变异株致病性明显下降、疫苗接种率较高、疫情防控基础等因素，中国按照"走小步、不停步"原则，持续主动优化完善防控政策措施。

一、出台"二十条"优化措施

2022 年 11 月 11 日，国务院联防联控机制综合组公布《关于进一步优化新冠肺炎疫情防控措施 科学精准做好防控工作的通知》，明确进一步优化防控工作的二十条措施，并要求各地各部门要不折不扣地把各项优化措施落实到位。具体包括：

（一）对密切接触者，将"7 天集中隔离 +3 天居家健康监测"管理措施调整为"5 天集中隔离 +3 天居家隔离"。

（二）及时准确判定密切接触者，不再判定密接的密接。

（三）将高风险区外溢人员"7天集中隔离"调整为"7天居家隔离"。

（四）将风险区由"高、中、低"三类调整为"高、低"两类，最大限度减少管控人员。

（五）对结束闭环作业的高风险岗位从业人员由"7天集中隔离或7天居家隔离"调整为"5天居家健康监测"。

（六）没有发生疫情的地区严格按照第九版防控方案确定的范围对风险岗位、重点人员开展核酸检测，不得扩大核酸检测范围。

（七）取消入境航班熔断机制，并将登机前48小时内2次核酸检测阴性证明调整为登机前48小时内1次核酸检测阴性证明。

（八）对于入境重要商务人员、体育团组等，"点对点"转运至免隔离闭环管理区（"闭环泡泡"）。

（九）明确入境人员阳性判定标准为核酸检测Ct值<35。

（十）对入境人员，将"7天集中隔离+3天居家健康监测"调整为"5天集中隔离+3天居家隔离"。

（十一）加强医疗资源建设。

（十二）有序推进新冠病毒疫苗接种。

（十三）加快新冠肺炎治疗相关药物储备。

（十四）强化重点机构、重点人群保护。

（十五）落实"四早"要求，减少疫情规模和处置时间。

（十六）加大"一刀切"、层层加码问题整治力度。

（十七）加强封控隔离人员服务保障。

（十八）优化校园疫情防控措施。

（十九）落实企业和工业园区防控措施。

（二十）分类有序做好滞留人员疏解。

二、出台"新十条"

为更加科学精准防控，切实解决防控工作中存在的突出问题，2022 年 12 月 7 日，国务院联防联控机制综合组出台《关于进一步优化落实新冠肺炎疫情防控措施的通知》，提出十条具体举措。一是科学精准划分风险区域。按楼栋、单元、楼层、住户划定高风险区，不得随意扩大到小区、社区和街道（乡镇）等区域。不得采取各种形式的临时封控。二是进一步优化核酸检测。不按行政区域开展全员核酸检测，进一步缩小核酸检测范围、减少频次。三是优化调整隔离方式。四是落实高风险区"快封快解"。五是保障群众基本购药需求。六是加快推进老年人新冠病毒疫苗接种。七是加强重点人群健康情况摸底及分类管理。八是保障社会正常运转和基本医疗服务。九是强化涉疫安全保障。十是进一步优化学校疫情防控工作。

三、出台"乙类乙管"总体方案

2022 年 12 月 27 日，国务院联防联控机制综合组出台《关于印发对新型冠状病毒感染实施"乙类乙管"总体方案的通知》。对新冠病毒感染者不再实行隔离措施，不再判定密切接触者；不再划定高低风险区；对新冠病毒感染者实施分级分类收治并适时调整医疗保障政策；检测策略调整为"愿检尽检"；调整疫情信息发布频次和内容。依据《中华人民共和国国境卫生检疫法》，不再对入境人员和货物等采取检疫传染病管理措施。同时，要求进一步提高老年人新冠病毒疫苗接种率，完善新型冠状病毒感染治疗相关药品和检测试剂准备，加大医疗资源建设投入，调整人群检测策略，分级分类救治患者，做好重点人群健康调查和分类分级健康服务，强化重点机构防控，加强农村地区疫情防控，强化疫情监测与应对，倡导坚持个人防护措施，做好信息发布和宣传教育，优化中外人员往来管理。

资料来源：《关于进一步优化新冠肺炎疫情防控措施　科学精准做好防控工作的通知》《关于进一步优化落实新冠肺炎疫情防控措施的通知》《关于印发对新型冠状病毒感染实施"乙类乙管"总体方案的通知》。

3. 围绕"保健康、防重症"开展医疗救治

此领域主要包括四个方面。一是迅速扩充医疗资源，保障救治需要。发热门诊应开尽开，扩充重症病床，建立区域协同工作机制，组建家医疗队，在有需要时随时调派跨省支援。二是全力保障医疗物资供应。建立"全国一盘棋"调度机制，分级负责、属地统筹。组织重点企业"一企一策"制定增产扩能方案，指导企业加班加点满负荷生产，千方百计促进医疗物资增产扩能。密切跟踪各地疫情发展形势

和达峰时间，强化供需对接，按需求紧迫程度合理确定医疗物资调拨数量和供应节奏，确保高效运输配送。三是做好农村地区疫情防控工作。聚焦老幼病残孕等重点人群、重点地区和关键节点，建立了全国农村地区涉疫信息报送体系，着力加强重点人群包保联系服务。积极应对农村地区医疗物资阶段性、区域性、结构性紧缺等问题，多渠道协调相关部门和企业，加强对农村地区医疗物资调拨配送和精准投放。四是保护重点群体。摸清重点人群的健康状况底数，梳理汇总全国养老机构、学校的用药需求，形成重点医疗物资需求清单，予以重点保障。

（二）有效应对疫情冲击

1. 疫情应对基础不断夯实

一是疫苗接种率快速提高。截至 2022 年底，累计报告接种新冠病毒疫苗 34.8 亿剂次，覆盖人数和全程接种人数占比分别超过 92% 和 90%；60 岁以上老年人疫苗接种覆盖率达到 96.1%，全程接种、加强免疫接种分别占符合接种时间间隔老年人群的 96.6%、92.4%。二是医疗资源快速扩充。二级以上医疗机构发热门诊短时间内由 7337 个扩充至 1.6 万个，设置开放率超过 98%。重症病床由 19.8 万张扩充至 40.4 万张。依托国家医学中心、国家区域医疗中心及省级三甲医院组建了 16 支国家医疗队，总计 2400 余名医务人员，在有需要时能够随时调派跨省支援。在全国各省份组织 5644 家医疗机构组建了 118 支省级医疗队，总计近 6 万名医务人员，发挥"全国一盘棋"的调度作用[①]。

---

① 国务院联防联控机制新闻发布会，2023 年 2 月 23 日。

2. 实现疫情防控平稳转段

一是快速有效处置了吉林等地聚集性疫情，打赢了"大上海保卫战"，为打赢疫情防控阻击战赢得了宝贵时间，成功避免了致病力较强、致死率较高的病毒株的广泛流行。二是在较短时间内实现了疫情防控平稳转段，2亿多人得到诊治，近80万重症患者得到有效救治[①]，新冠死亡率保持在全球最低水平，创造了人类文明史上人口大国成功走出疫情大流行的奇迹。

世界卫生组织已经宣布新冠疫情不再构成"国际关注的突发公共卫生事件"，但新冠病毒对人类健康的威胁仍然存在，应继续围绕"保健康、防重症"，落实"乙类乙管"传染病防控措施，做好疫情监测分析、重点人群保护、重点环节防控，最大程度保护人民生命安全和身体健康，最大限度减少疫情对经济社会发展的影响。未来，需要全面深入贯彻落实党的二十大精神，健全公共卫生体系，提高重大疫情早发现能力，加强重大疫情防控救治体系和应急能力建设。

二、就业形势总体保持稳定

就业是最基本的民生，促进高质量充分就业是实现共享发展的基本途径。面对持续凸显的就业总量压力和结构性矛盾，按照党的二十大作出的部署，将稳就业、保就业作为"六稳""六保"的首要任务，保持了就业形势总体稳定。

---

① 国务院联防联控机制新闻发布会，2023年2月23日。

（一）多措并举稳就业

1. 保市场主体稳就业

人力资源和社会保障部共出台了三轮"降缓返补扩提"援企稳岗政策举措，力保市场主体。为激励企业不裁员、少裁员，大幅提高稳岗返还比例，共向 787 万户企业发放稳岗返还资金 497 亿元，向 530 万户企业发放留工补助资金 303 亿元。全年通过降低失业、工伤保险费率，支出就业补助资金，发放稳岗返还资金、一次性留工培训补助、一次性扩岗补助等，释放政策红利约 4900 亿元[①]。

2. 促进高校毕业生就业

国务院办公厅印发了《关于进一步做好高校毕业生等青年就业创业工作的通知》，强调要多渠道开发就业岗位，拓宽基层就业空间，支持自主创业和灵活就业，稳定公共部门就业岗位规模。同时，启动实施百万就业见习岗位募集计划，实施 2022 年离校未就业高校毕业生服务攻坚行动。此外，切实保障职业学校学生在升学、就业、职业发展等方面与同层次普通学校学生享有平等机会。

3. 稳定农民工和就业困难群体就业

国务院办公厅转发了《关于在重点工程项目中大力实施以工代赈促进当地群众就业增收的工作方案》，强调推动政府投资重点工程项目实施以工代赈，明确实施以工代赈的建设领域和重点工程项目范围，进一步扩大以工代赈投资规模，充分发挥以工代赈政策作用。同时，

---

① 人力资源和社会保障部 2022 年四季度新闻发布会，2023 年 1 月 18 日。

以农民工、困难人员和重点企业为服务对象，进一步支持农民工就业创业，举办全国劳务品牌发展大会，开展"春暖农民工"服务行动。加大脱贫人口稳岗就业力度，深化东西部劳务协作，支持帮扶车间、返乡入乡创业园发展。此外，国务院办公厅还印发了《促进残疾人就业三年行动方案（2022—2024年）》，计划三年内实现全国城乡新增残疾人就业100万人，要求机关、事业单位带头安排残疾人就业行动，开展国有企业、民营企业安排残疾人就业行动，开展残疾人组织助残就业行动和就业困难残疾人就业帮扶行动等。

4. 提高技能人才和灵活就业人员就业质量

中共中央办公厅、国务院办公厅印发了《关于加强新时代高技能人才队伍建设的意见》，实施了"技能中国行动"，完善了"新八级工"职业技能等级制度，努力培养造就更多"大国工匠"、高技能人才。颁布了新的《中华人民共和国职业分类大典（2022年版）》，进一步发挥新职业对就业的推动作用。开展了第五届"中国创翼"创新创业大赛等活动，营造了良好的创业氛围。为支持灵活就业健康发展，开展了新就业形态就业人员职业伤害保障试点，推出了一批规范化零工市场。开展了"10+N"公共就业服务系列活动[1]，公布了一批公共就业服务机构和零工市场名录，推动各地开展了线上线下招聘活动。

---

① "10+N"公共就业服务系列活动包括：就业援助月活动、春风行动、大中城市联合招聘高校毕业生专场活动、民营企业招聘月活动、残疾人就业帮扶活动、百日千万网络招聘专项行动、全国高校毕业生就业服务行动、就业帮扶行动周活动、金秋招聘月活动、人力资源市场高校毕业生就业服务周活动。其中，N是指不同时间、面向不同就业群体举办的针对性的公共就业服务活动。

（二）稳就业成效明显

1. 就业基本盘保持稳定

2022 年，全国城镇新增就业 1206 万人，超额完成 1100 万人的全年目标任务。受新冠疫情等因素影响，2022 年 4 月全国城镇调查失业率一度升至 6.1%，后续随着一揽子稳就业举措的落实，就业形势开始好转，年末全国城镇调查失业率降低至 5.5%，就业指标基本稳定在合理区间[①]（见图 6-1）。

图 6-1　2018—2022 年中国城镇新增就业人数和城镇调查失业率变化

资料来源：国家统计局。

[①]　根据《中华人民共和国 2022 年国民经济和社会发展统计公报》及国家统计局 2022 年相关月份国民经济运行数据整理。

2. 稳市场主体保就业成效明显

截至 2022 年底，全国登记在册市场主体达到 1.69 亿户，同比增长 10.03%，全国新设市场主体 2908 万户，同比增长 0.71%。就业容量大的服务业和中小微企业、个体工商户发展得到支持，不少企业在经营困难的条件下不裁员、少裁员，积极承担了稳就业社会责任，有力保障了全年就业目标的实现。

3. 重点群体就业稳中有升

为积极吸纳高校毕业生就业，2022 年共向 52 万户企业发放了扩岗资金 27 亿元，惠及高校毕业生 192 万人。青年调查失业率逐步回落，16~24 岁城镇青年劳动力调查失业率从 2022 年 7 月 19.9% 的高位回落至 12 月的 16.7%，下降了 3.2 个百分点[①]。脱贫人口务工规模达到 3278 万人，比 2021 年增加 133 万人。农民工总量 29562 万人，比上年增长 1.1%，农民工学历层次和技能素质不断提高[②]。

同时需要看到，中国就业结构性矛盾仍然突出，青年群体就业面临较大压力，"就业难"与"招工难"并存，劳动力、人才流动仍面临不少体制和政策障碍，灵活就业和新就业形态劳动者权益保障亟待加强。新一年需要坚持实施就业优先战略，不断推动高质量充分就业。

---

① 根据国家统计局 2022 年相关月份国民经济运行数据整理。
② 国家统计局：《2022 年农民工监测调查报告》，2023 年 4 月 28 日。

三、社会保障持续强化

社会保障体系是人民生活的"安全网"和社会运行的"稳定器"，是推动共享发展的重要制度安排。按照党的二十大作出的部署，持续推进社会保障事业改革发展，社会保障的民生兜底功能发挥更加充分。

（一）健全社会保障制度体系

1. 深化社会保险制度改革

在养老保险方面，实施企业职工基本养老保险全国统筹，在全国范围内基本实现政策统一，加大省际互济力度，建立起中央和地方养老保险支出责任分担机制。2022 年 4 月，国务院办公厅印发了《关于推动个人养老金发展的意见》，建立起个人养老金制度，并于同年 11 月在 36 个先行城市（地区）启动。这是中国构建三支柱养老保险体系的重大举措，标志着第三支柱个人养老金开始落地。

在医疗保险方面，中央全面深化改革委员会第二十七次会议审议通过了《关于进一步深化改革促进乡村医疗卫生体系健康发展的意见》，对提高农村地区医疗保障水平作出制度安排，并加强了医保基金对乡村医疗卫生机构、乡村一体化管理、分级诊疗模式、家庭医生签约制度等的支持。

在失业保险方面，进一步实施了失业保险援企稳岗政策，其中一个重点是加大降费缓缴力度。在前期降低失业保险费率的基础上，对困难行业企业和受疫情影响的中小微企业叠加实施了缓缴失业保险单位缴费政策。同时，通过信息系统内嵌征缴比例，实现了缓缴"即申即享"。

2. 健全分层分类的社会救助体系

针对新冠疫情对人民生产生活带来的不利影响，出台了低保扩围增效措施，包括阶段性扩大低保覆盖范围，把低保边缘户纳入低保补助对象。对受疫情影响无法返岗复工、连续 3 个月无收入来源，生活困难且失业保险政策无法覆盖的农民工等未参保失业人员，未纳入低保范围的，经本人申请，由务工地或经常居住地发放一次性临时救助金。受疫情影响暂未就业、基本生活存在困难的大学毕业生等基本生活陷入困境群众，也被及时地纳入临时救助范围。

3. 完善保障性住房的金融支持政策

加大对保障性租赁住房的支持力度，不再将保障性租赁住房有关贷款纳入房地产贷款集中度管理，实施了首套住房公积金贷款利率下调、向多子女家庭租房和购买首套房住房公积金倾斜等金融支持政策。同时，健全保障性住房规范建设评价标准体系，完善住房质量指标体系和评分标准，进一步推动住房困难群众"住得进""住得好"。

（二）保障水平稳步提升

1. 社会保险待遇水平提高

在养老保险方面，持续扩大保障覆盖面，惠及更广大的群众。参加城镇职工基本养老保险的人数从 2021 年的 48074 万人增加到 2022 年的 50355 万人，参加城乡居民社会养老保险的人数从 2021 年的

54797.4 万人增加到 2022 年的 54952.3 万人（见图 6-2）。全年总共跨省调剂基金 2440 亿元，加大了省际调剂力度，有效均衡了地区间基金当期收支压力，增强了养老保险制度的公平性和可持续性，养老金发放更有保障[①]。养老金待遇水平继续提高，2022 年城镇职工养老金水平实现了"18 连涨"，月均达到 3800 元左右，较 2021 年的 3577.4 元有显著增长（见图 6-3）；城乡居民全国基础养老金最低标准提高后，共有 19 个省份相应提高了地方基础养老金[②]。

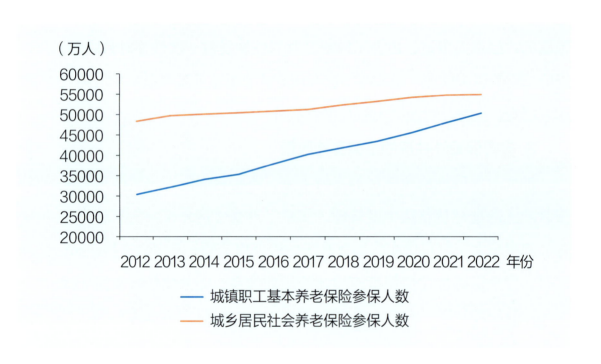

图 6-2　2012—2022 年中国城镇职工基本养老保险和城乡居民社会养老保险参保人数

资料来源：国家统计局。

---

① 人力资源和社会保障部：《2022 年度人力资源和社会保障事业发展统计公报》，2023 年 6 月 20 日。

② 人力资源和社会保障部 2022 年四季度新闻发布会，2023 年 1 月 18 日。

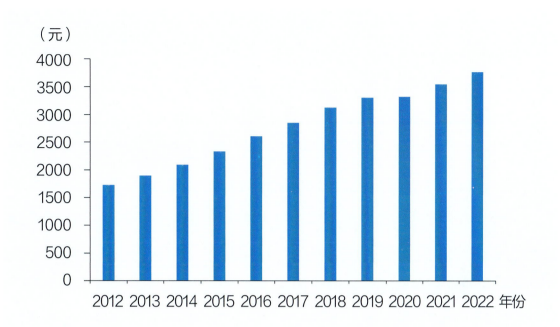

图 6-3　2012—2022 年中国城镇职工养老金月均水平

资料来源：国家统计局（2022 年数据来自人力资源和社会保障部）。

在医疗保险方面，保障能力不断增强，就医负担进一步减轻。截至 2022 年底，全国基本医疗保险参保覆盖面稳定在 95% 以上，城乡居民医保人均财政补助标准从 2021 年的 580 元提高到 2022 年的 610 元 [①]。更多群众急需药品被纳入医保报销范围，持续开展医保药品目录准入谈判，全年医保药品目录准入谈判协议期内 275 种谈判药报销 1.8 亿人次，累计为患者减负 2100 余亿元 [②]。开展第七批国家组织药品集中带量采购，涉及 61 个品种，平均降价 48% [③]。基本医疗保险、大病保险、医疗救助三项制度累计惠及农村低收入

① 财政部：《关于 2022 年中央和地方预算执行情况与 2023 年中央和地方预算草案的报告》，2023 年 3 月 5 日。

②③ 国家医保局：《2022 年全国医疗保障事业发展统计公报》，2023 年 7 月 11 日。

人口就医 1.45 亿人次，减轻医疗费用负担 1487 亿元，促进了健康公平 ①。

在失业保险方面，2022 年共减收失业保险费 1590 亿元，有力地为企业减负纾困 ②。参保企业受益于失业保险援企稳岗政策，不但增强了稳定就业岗位的能力，而且以积极扩岗的方式更好地承担社会责任，全年失业保险参保人数比上年增加 849 万人，达到 2.38 亿人 ③。共向 1058 万名失业人员发放不同项目失业保险待遇 887 亿元，最大限度地保障了他们的基本生活 ④。

2. 社会救助托底功能增强

此领域主要体现在两个方面。一是困难群众补贴提高。截至 2022 年 9 月底，全国共有城市低保对象 686 万人，低保平均标准达到 746 元 /（人·月），比 2021 年底提高 5%；农村低保对象 3329 万人，低保平均标准达到 6848 元 /（人·年），比 2021 年底提高 8%；各地累计为 4436.5 万名困难群众增发一次性生活补贴 83.6 亿元 ⑤。二是老年人、儿童、残疾人等重点群体福利水平提升。截至 2022 年底，高龄津贴共惠及 3330.2 万名老年人 ⑥。截至 2022 年 9 月底，共有 15.9 万名孤儿、35.1 万名事实无人抚养儿童被纳入国家基本生活保障范围；残疾人两项补贴制度已分别惠及困难残疾人 1176.4 万人、重度残疾人

---

① 国家医保局：《2022 年全国医疗保障事业发展统计公报》，2023 年 7 月 11 日。
② 人力资源和社会保障部 2022 年四季度新闻发布会，2023 年 1 月 18 日。
③ 人力资源和社会保障部：《2022 年度人力资源和社会保障事业发展统计公报》，2023 年 6 月 20 日。
④ 人力资源和社会保障部 2022 年四季度新闻发布会，2023 年 1 月 18 日。
⑤ 民政部 2022 年四季度例行新闻发布会，2022 年 10 月 26 日。
⑥ 《民政部有关负责人就〈关于推进基本养老服务体系建设的意见〉答记者问》，2023 年 5 月 22 日。

1534.8 万人 [1]。

3. 城乡居民住房条件改善

2022 年，中国克服了疫情冲击等不利影响，顺利完成了保障性租赁住房、公租房和棚户区改造的年度建设计划。此外，全年新开工改造 5.25 万个城镇老旧小区，共惠及 876 万户；持续推进农房危房改造和农房抗震改造 [2]。

同时需要看到，基本养老保险的公平性和可持续性仍有不足，医保与医疗、医药的协同不够，低收入人口收入动态监测机制还不完善，面向新市民、青年人的保障性租赁住房建设和长租房市场发展仍然滞后。未来，需要全面深入贯彻落实党的二十大精神，加快健全社会保障体系，在兜住兜牢基本民生保障的同时不断提升保障水平。

四、健康中国建设扎实推进

健康是促进人的全面发展的必然要求，是经济社会发展的基础条件，是民族昌盛和国家富强的重要标志，也是广大人民群众的共同追求。按照党的二十大作出的部署，中国深化医药卫生体制改革，完善国民健康政策，人民健康权益得到进一步保障。

---

[1]　民政部 2022 年四季度例行新闻发布会，2022 年 10 月 26 日。

[2]　国家统计局：《中华人民共和国 2022 年国民经济和社会发展统计公报》，2023 年 2 月 28 日。

（一）完善国民健康政策

1. 谋篇布局"十四五"期间健康工作

此领域主要包括三个方面。一是国务院办公厅印发了《"十四五"国民健康规划》，明确了人均预期寿命在 2020 年基础上五年提高 1 岁左右等发展目标，提出了织牢公共卫生防护网、全方位干预健康问题和影响因素、全周期保障人群健康、提高医疗卫生服务质量、促进中医药传承创新发展、做优做强健康产业、强化国民健康支撑与保障 7 项工作任务。二是国务院办公厅印发了《"十四五"中医药发展规划》，部署了 10 个方面重点任务，包括建设优质高效中医药服务体系，提升中医药健康服务能力，建设高素质中医药人才队伍，建设高水平中医药传承保护与科技创新体系，推动中药产业高质量发展，发展中医药健康服务业，推动中医药文化繁荣发展，加快中医药开放发展，深化中医药领域改革以及强化中医药发展支撑保障。三是国务院办公厅印发了《国家残疾预防行动计划（2021—2025 年）》，针对遗传和发育、疾病、伤害等主要致残因素防控，提出实施残疾预防知识普及、出生缺陷和发育障碍致残防控、疾病致残防控、伤害致残防控、康复服务促进"五大行动"，落实好建立完善残疾预防科普知识资源库、加强儿童早期筛查和早期干预、加强慢性病致残防控、加强道路交通和运输安全管理等工作任务。

2. 深化医药卫生体制改革

此领域主要包括四个方面。一是完善乡村医疗卫生服务体系。中央全面深化改革委员会第二十七次会议审议通过了《关于进一步深化改革促进乡村医疗卫生体系健康发展的意见》，从强化县域内医疗卫生资源统筹和布局优化、发展壮大乡村医疗卫生人才队伍、改革完善乡村医疗卫生体系运行机制、提高农村地区医疗保障水平等方面作出制度安排。二是推进公立医院改革。构建公立医院高质量发展评价指标体系，推进医疗机构检查检验结果互认，以体现技术劳务价值和促进医疗技术创新为导向改革医疗服务价格管理。三是完善基层健康服务。推进家庭医生签约服务供给，扩大签约服务覆盖面，强化签约服务内涵，突出全方位全周期健康管理服务，健全签约服务激励和保障机制。四是推动建立覆盖全民、公益导向、科学布局、统筹城乡的全民健身公共服务体系。

3. 完善"一老一小"健康服务和生育支持措施

此领域主要包括三个方面。一是整体部署"十四五"时期养老事业和养老服务体系发展。国务院印发了《"十四五"国家老龄事业发展和养老服务体系规划》，围绕推动老龄事业和产业协同发展、推动养老服务体系高质量发展，明确了"十四五"时期的总体要求、主要目标，部署了9个方面具体工作任务，包括织牢社会保障和兜底性养老服务网、扩大普惠型养老服务覆盖面、强化居家社区养老服务能力、完善老年健康支撑体系、大力发展银发经济、践行积极老龄观、营造老年友好型社会环境、增强发展要素支撑体系、维护老年人合法权益。二是完善老年健康支撑体系。国家卫生健康委员会等15部门联合印发了《"十四五"健康老龄化规划》，提出强化健康9项具体任务，包括强化健康教育，提高老年人主动健康能力；完善身心健康并重的预防保健服务体系；以连续性服务为重点，提升老年医疗服务水平；健全居家、社区、机构相协调的失能老年人照护服务体系；深入推进医养结合发展；发展中医药老年健康服务；加强老年健康服务机构建设；提升老年健康服务能力；促进健康老龄化的科技和产业发展。三是着力降低生育、养育、教育成本。多部门联合印发了《关于进一步完善和落实积极生育支持措施的指导意见》，从提高优生优育服务水平，发展普惠托育服务体系，完善生育休假和待遇保障机制，强化住房、税收等支持措施，加强优质教育资源供给，构建生育友好的就业环境，加强宣传引导和服务管理等 7 个方面，完善和落实财政、税收、保险、教育、住房、就业等积极生育支持措施。

（二）全民健康保障能力增强

1. 医疗服务体系诊疗格局持续优化

一是医疗卫生资源供给更加充足。截至 2022 年末，中国共有医疗卫生机构 103.3 万个，卫生技术人员 1165.8 万人，其中执业（助理）医师 443.5 万人，注册护士 522.4 万人，分别比 2021 年提高 3.4% 和 4.1%；医疗卫生机构床位 975 万张，比 2021 年提高 3.2%（见图 6-4）。二是区域医疗资源布局更加均衡。中国已设置 13 个国家医学中心，76 个国家区域医疗中心项目落地实施，减少了跨省份、跨区域就医，有效缓解看病难问题[1]。三是分级诊疗体系进一步健全。2022 年，基层医疗卫生机构诊疗量进一步提高，占比达到 50.7%，较

---

[1] 国家卫生健康委员会新闻发布会，2023 年 4 月 13 日。

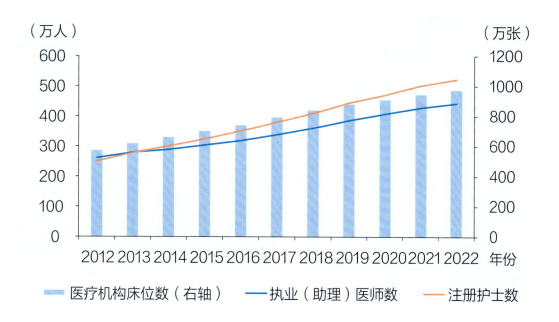

图 6-4　2012—2022 年中国主要医疗卫生资源变化情况

资料来源：国家统计局。

2021 年增加 0.5 个百分点[①]。四是基本公共卫生服务经费人均财政补助标准在 2021 年 79 元的基础上再次增加 5 元，提高到 2022 年的84 元。

2. 医疗负担持续减轻

2022 年，全国三级公立医院次均住院费用为 13711.4 元，与上年比较，按当年价格下降 4.0%，按可比价格下降 5.0%；二级公立医院次均住院费用为 6790.5 元，按当年价格同比下降 0.8%，按可比价格同比下降 1.8%[②]。公立医院医疗费用进一步降低。

---

① ②　国家卫生健康委员会：《2022 年我国卫生健康事业发展统计公报》，2023 年 10 月12 日。

3. 健康水平持续改善

世界卫生组织将人均预期寿命、婴儿死亡率和孕产妇死亡率作为衡量一个国家人民健康水平的主要指标。2022 年，中国孕产妇死亡率、婴儿死亡率、5 岁以下儿童死亡率分别为 15.7/10 万、4.9‰ 和 6.8‰，较 2021 年的 16.1/10 万、5.0‰ 和 7.1‰ 的水平进一步下降[①]（见图 6-5），三个指标均降至历史最低，主要健康指标总体上优于中高收入国家平均水平。

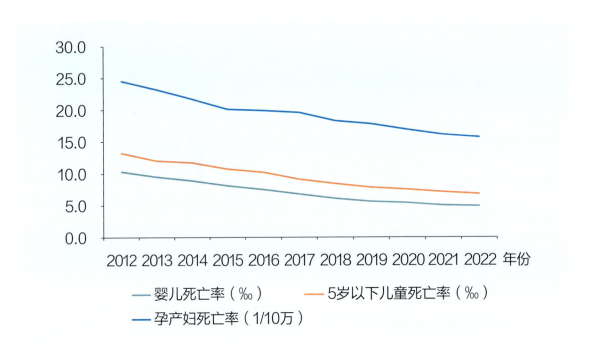

图 6-5 2012—2022 年中国主要健康指标变化情况

资料来源：历年《中国卫生健康统计年鉴》，国家卫生健康委员会发布。

同时需要看到，中国医疗卫生体系、医疗保障发展仍不平衡不充分，城乡、区域间服务能力和服务质量公平性有待提升，医保、医疗、医药改革协同性亟须增强，医防融合的体制机制还不健全。未来，需

---

① 国家卫生健康委员会新闻发布会，2023 年 5 月 31 日。

要全面深入贯彻落实党的二十大精神，加快完善国民健康政策，持续推进健康中国建设，不断满足人民群众日益增长的健康需求。

五、教育强国建设迈出坚实步伐

教育是国之大计、党之大计。办好人民满意的教育，对增进民生福祉、促进社会公平、推动共享发展至关重要。中国实施一系列教育民生工程，"有学上"需求得到更好满足，"上好学"也取得积极进展。

（一）着力解决教育领域急难愁盼问题

1. 加大教育投入和学生资助力度

2022 年，国家财政性教育经费投入 48478 亿元，比上年增长 5.8%[①]，占国内生产总值的比重连续 11 年保持在 4% 以上，持续巩固教育优先发展的战略地位。一方面，针对学前教育发展、义务教育薄弱环节改善与能力提升项目、普通高中学校改善办学条件补助、特殊教育补助等，中央财政共安排"十四五"国家基础教育重大项目计划资金 605 亿元，支持引导各地增加普惠性学前教育资源和完善普惠保障机制，改善中小学办学条件，加强特殊教育学校建设。另一方面，在确保实现困难学生应助尽助的基础上，国家还出台助学贷款免息及本金延期偿还政策，帮助家庭经济困难高校毕业生缓解经济负担和就

---

① 教育部：《2022 年全国教育经费执行情况统计快报》，2023 年 6 月 30 日。

业压力。2022 年共免除贷款利息 19.5 亿元、惠及 379 万人，高校毕业生自主申请延期偿还本金累计 5.9 亿元、惠及 10 万人 [1]。学生资助体系从助力学业扩展到助力就业，从在校期间延伸至走向社会。

2. 完善德智体美劳全面培养的育人体系

一方面，全面推进"大思政课"建设。围绕改革创新主渠道教学、善用社会大课堂、搭建大资源平台、构建大师资体系、拓展工作格局等方面提出 22 条举措，持续推动思政课和思想政治教育高质量发展。深化教学管理创新、丰富课程教学资源、加强教师队伍建设、完善教研工作机制和构建大思政课体系，推进大中小学思想政治教育一体化建设。另一方面，深入推进"双减"。主要包括：加强校外培训监管行政执法工作，健全学科类隐形变异培训预防、发现工作机制，依法依规从严查处违法违规培训行为，健全面向中小学生的全国性竞赛活动管理制度，全面规范非学科类培训行为，等等。

3. 加强高素质专业化创新型教师队伍建设

围绕提升教师能力素质、推动优质师资均衡、加强教师教育体系建设、深化管理综合改革等方面提出 15 条具体措施，着力推动教师教育振兴发展，努力打造高素质专业化创新型中小学（含幼儿园、特殊教育）教师队伍。健全教师岗位等级设置、科学制定岗位设置方案、优化岗位结构、实行县域统筹管理、落实岗位倾斜政策、规范开展岗位竞聘、加强聘后管理，深化中小学人事制度改革，创新岗位管理政策措施，拓宽职业发展通道，持续激发中小学教职工的积极性、主动性、创造性。

---

[1] 国务院新闻办公室举行 2023 年国家助学贷款免息及本金延期偿还政策国务院政策例行吹风会，2023 年 4 月 21 日。

4. 深化职业教育改革

2022 年 5 月 1 日，修订后的《中华人民共和国职业教育法》开始施行，为推动职业教育高质量发展提供法律保障。中共中央办公厅、国务院办公厅印发了《关于深化现代职业教育体系建设改革的意见》，持续推进现代职业教育体系建设改革，不断优化职业教育类型定位。同时，国家还陆续出台以下专项措施：校企联合实施学徒培养，推进招生考试评价改革，打造"双师"结构教学团队，助力提升员工数字技能，加快培养大批高素质现场工程师；围绕认定范围、标准要求、组织实施、监督评价、持续发展、作用发挥等内容，健全教师标准体系，推进"双师型"教师队伍高质量建设；整合资源优化布局，加强基础设施建设，优化师资队伍建设，改善教学条件，多渠道筹措办学经费，全面改善职业学校办学条件，增强职业教育办学质量和吸引力。

5. 提升高等教育人才培养能力

中央全面深化改革委员会第二十四次会议审议通过了《关于加强基础学科人才培养的意见》，首次以中央文件形式对基础学科人才培养进行谋划和设计。在深入推进"双一流"建设方面，聚焦造就一流自立自强人才方阵、优化学科专业布局、打造高水平师资队伍、深化科教融合育人、提升人才培养国际竞争力、引导特色发展、加大条件保障力度、提升治理能力等出台一系列举措，推动高层次人才培养与高水平科学研究相互促进。在加快新农科建设方面，聚焦加强知农爱农教育、推进农林类紧缺专业人才培养、构建多类型农林人才培养体系、提升农林专业生源质量、推动课程教学改革、强化教材建设和管理、建设高水平实践教学基地、打造高水平师资队伍等出台一系列举措，推进高等农林教育创新发展。

（二）教育公平和普及程度稳步提高 [①]

1. 普惠性学前教育和特殊教育资源进一步扩大

2022 年全国学前教育毛入园率达到 89.7%，比 2021 年提高 1.6 个百分点。其中，普惠性幼儿园及在园幼儿数分别达到 24.57 万所和 4144.05 万人，分别占全国幼儿园总数及在园幼儿总数的 84.96% 和 89.55%（见表 6-1），分别比 2021 年提高 1.96 个和 1.77 个百分点。全年完成 2 万余所小区配套园治理工作"回头看"，新增普惠学位约 50 万个。全国共有特殊教育学校 2314 所、特殊教育专任教师 7.27 万人，分别比 2021 年增加 26 所和 0.33 万人；特殊教育在校生 91.85 万

表 6-1　中国普惠性幼儿园发展情况

年份	普惠性幼儿园数（万所）	普惠性幼儿园覆盖率（%）	普惠性幼儿园在园幼儿数（万人）	普惠性幼儿园在园幼儿覆盖率（%）
2016 年	14.3	59.6	2966.14	67.2
2017 年	16.5	64.5	3249.0	70.6
2018 年	18.29	68.6	3402.23	73.1
2019 年	20.3	72.1	3583	76
2020 年	23.41	80.24	4082.83	84.74
2021 年	24.47	83.00	4218.20	87.78
2022 年	24.57	84.96	4144.05	89.55

资料来源：历年《中国教育概况》《全国教育事业发展统计公报》。其中，2016 年普惠性幼儿园发展情况根据相关数据测算所得。

[①]　教育部举行新闻发布会介绍 2022 年全国教育事业发展基本情况，2023 年 3 月 23 日。

人，其中，在特殊教育学校就读在校生 33.57 万人，占特殊教育在校生的比例为 36.54%，分别比 2021 年增加 0.53 万人和 0.62 个百分点。

2. 义务教育师资水平和数字化条件明显改善

2022 年全国九年义务教育巩固率达到 95.5%，比 2021 年提高 0.1 个百分点。义务教育阶段进城务工人员随迁子女在公办学校就读和享受政府购买学位的比例达到 95.2%，比 2021 年提高 4.3 个百分点。教师队伍建设成效初显，全国义务教育阶段本科及以上学历专任教师比例达到 81.02%，比 2021 年增长 3.3 个百分点，其中农村达到 76.01%，比 2021 年增长 3.78 个百分点。中小学数字化教学条件提档升级，全国中小学（含教学点）互联网接入率达到 100%，99.9% 的学校出口带宽达到 100M 以上，超过 3/4 的学校实现无线网络覆盖，99.5% 的学校拥有多媒体教室[①]。

3. 高中阶段普职协调发展持续推进

2022 年全国普通高中在校生 2713.9 万人，比 2021 年增加 108.9 万人，更多适龄学生得到了接受普通高中教育的机会。全国中等职业教育在校生（不含技工学校）1339.3 万人，比 2021 年增加 27.5 万人，其中超过一半的中职毕业生还能升入高职（专科）和本科继续学习，适龄学生多样化选择、多路径成才的渠道更加畅通。全国高中阶段教育毛入学率达到 91.6%，比 2021 年提高 0.2 个百分点，高中阶段教育的普及目标得到进一步巩固提升。

4. 高等教育人才培养机制不断健全

2022 年全国各种形式的高等教育在学总规模达到 4655 万人，比

---

① 教育部举行媒体吹风会介绍一年来推进教育数字化进展和世界数字教育大会筹备情况，2023 年 2 月 9 日。

2021 年增加 225 万人，高等教育毛入学率达到 59.6%（见图 6-6），比 2021 年提高 1.8 个百分点；高职毕业生在保持高就业率的同时，也有接近 1/5 实现了升学深造，多样化、个性化、学习化、现代化等普及化阶段的发展特征更加显著。同时，全国新增 15 所部属和东部高水平大学对口支援 13 所西部高校，分中央和地方赛道建设 11761 个国家级一流本科专业点；依托 77 所高水平大学累计建设 288 个基础学科拔尖学生培养基地，吸引 3 万余名学生参与；一体化推进创新创业课程、师资、教改、实践等关键要素发展，共建设国家级创新创业学院和教育实践基地各 100 个。

同时需要看到，中国各类教育资源历史积累不足，教育总体条件还不是很理想，教育发展仍存在一些突出问题和薄弱环节，教育的育

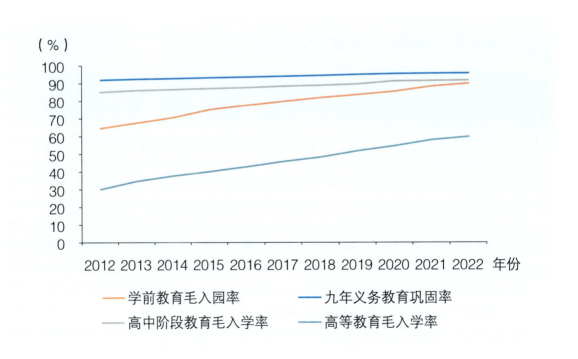

图 6-6　中国各级教育普及水平

资料来源：历年《全国教育事业发展统计公报》。

人方式、办学模式、管理体制、保障机制等综合改革有待深化，拔尖创新人才自主培养能力仍显不足，职普融通、产教融合、科教融汇亟须加快推进，区域教育资源配置还需在更高水平上优化。新的一年需要坚持实施科教兴国战略，加快建设教育强国，强化现代化建设人才支撑。

六、收入分配制度改革稳步推进

分配制度是促进共同富裕的基础性制度，完善收入分配制度是推动共享发展的必然要求。按照党的二十大作出的部署，中国采取了一系列有力措施，推进分配制度改革，为保障和改善民生提供了重要制度保障。

（一）完善收入分配制度

1. 完善初次分配制度

完善反映市场供求和经济效益的工资决定机制、合理增长机制和支付保障机制，提高一线职工工资待遇，积极推进工资集体协商。健全适应事业单位和国有企业特点的薪酬制度。治理农民工工资拖欠问题，通过公布拖欠农民工工资失信联合惩戒对象名单等举措，扎实开展"欠薪集中整治专项行动"。各地调整最低工资标准，出台多项措施保障灵活就业人员合法权益，千方百计增加了居民劳动报酬。同时，着手建立体现效率、促进公平的数据要素收益分配制度，健全数据要素由市场评价贡献、按贡献决定报酬机制，更好发挥了政府在数据要素收益分配中的引导调节作用等。完善技能要素参与分配制度，加大高技能人才表彰奖励力度，健全高技能人才激励机制。

2. 加大再分配调节力度

通过加大财税制度对收入分配的调节力度，健全社会保障制度再分配机制。健全社会救助家庭经济状况核对机制，落实社会救助和保障标准与物价上涨等因素挂钩的联动机制，加大对城市困难职工解困脱困和帮扶力度。阶段性扩大低保等社会保障政策覆盖面，将更多困难群体纳入保障范围，同时向更多低收入群众发放价格补贴。继续上调退休人员基本养老金，提高城乡居民基础养老金最低标准，稳步提升城乡低保、优待抚恤、失业和工伤保障等标准。

3. 加强第三次分配制度建设

将《中华人民共和国慈善法（修订草案）》提请十三届全国人大常委会第三十八次会议审议，并向社会公开征求意见。新修订的《中华人民共和国慈善法》体现了慈善功能新定位，明确了党对慈善事业的领导，新设应急慈善专章，完善网络慈善有关规定，优化慈善组织制度、慈善募捐制度和慈善事业扶持政策，健全慈善监管新机制，充实慈善信托新制度。《中华人民共和国法律援助法》正式实施。《法律援助志愿者管理办法》《社会组织评比达标表彰活动管理办法》等文件相继出台，第三次分配制度体系更加完备。

（二）收入分配关系有所改善

1. 居民收入增长与经济增长基本同步

国家统计局数据显示，2022 年全国居民人均可支配收入为 36883 元，比 2021 年实际增长 2.90%（见图 6-7），是 2018 年居民人均可支配收入的 1.31 倍。全年人均国内生产总值 85698 元，比 2021 年增长 3.0%。尽管受新冠疫情等多种不利因素影响，居民收入增长持续承压，增速较上年有所下降，但仍实现了和经济增长基本同步的预期目标。

图 6-7　2018—2022 年中国居民人均可支配收入水平及增速变化

资料来源：国家统计局。

2. 城乡、地区间居民收入差距缩小

2022 年，中国城镇居民和农村居民人均可支配收入分别为 49283 元和 20133 元，同比分别增长 3.9% 和 6.3%。农村居民收入增速持续快于城镇居民，城乡居民收入差距也随之从 2018 年的 2.69 倍缩小到 2022 年的 2.45 倍（见图 6-8）。2022 年，东部与西部地区居民人均可支配收入之比由上年的 1.62 缩小至 1.61，下降 0.01，地区间居民收入相对差距呈现缩小态势。

图 6-8　2018—2022 年中国城乡居民人均收入水平及差距情况

资料来源：国家统计局。

3. 脱贫人口和农民工等重点群体收入稳步增长

2022 年，中国脱贫人口人均纯收入达到 14342 元，同比增长 14.3%，增速比全国农村居民可支配收入高 8 个百分点。其中，脱贫地区农民人均可支配收入达到 15111 元，同比增长 7.5%，增速比全

国农民高 1.2 个百分点。2022 年，全国农民工人均月收入 4615 元，比上年增长 4.1%（见图 6-9）。其中，外出和本地农民工人均月收入分别达到 5240 元和 4026 元，均高于当年农村居民月均可支配收入。

同时需要看到，中国行业间工资差距有所扩大，居民财产性收入占比偏低，税收、社会保障和转移支付等再分配调节力度不足，公益慈善等第三次分配作用发挥不充分，收入分配秩序和财富积累机制有待规范。未来，要全面深入贯彻落实党的二十大精神，持续完善分配制度，不断促进收入公平分配，扎实推进共同富裕。

图 6-9　2018—2022 年全国农民工收入水平及增速情况

资料来源：国家统计局。

专题一 | 以中国式现代化全面推进中华民族伟大复兴

　　党的十八大以来，以习近平同志为核心的党中央团结带领全党全国各族人民，推动党和国家事业取得历史性成就、发生历史性变革，成功推进和拓展了中国式现代化。党的二十大对进一步推进和拓展中国式现代化作了新部署、新安排，明确提出"从现在起，中国共产党的中心任务就是团结带领全国各族人民全面建成社会主义现代化强国、实现第二个百年奋斗目标，以中国式现代化全面推进中华民族伟大复兴"[①]。中国式现代化是中国共产党领导的社会主义现代化，既有各国现代化的共同特征，更有基于自己国情的鲜明特色，是一种全新的人类文明形态，是强国建设、民族复兴的康庄大道。新征程上的现代化有着更为坚实的基础，也会遇到各种可以预料和难以预料的风险挑战。以中国式现代化全面推进中华民族伟大复兴，必须毫不动摇坚持党的全面领导，努力把中国特色变为成功实践、把鲜明特色变成独特优势，正确处理好一系列重大关系，奋力谱写强国建设和民族复兴新篇章。

[①]　习近平：《高举中国特色社会主义伟大旗帜　为全面建设社会主义现代化国家而团结奋斗——在中国共产党第二十次全国代表大会上的报告》，《人民日报》2022 年 10 月 26 日第 1 版。

一、中国式现代化是党领导人民长期探索和实践的重大成果

习近平总书记指出，中国式现代化，是我们为如何唤醒"睡狮"、实现民族复兴这个重大历史课题所给出的答案[1]。中华民族具有 5000 多年文明史，曾长期走在世界前列。然而，由于封建制度的腐朽和长期的闭关锁国，在鸦片战争后，中国逐步沦为半殖民地半封建社会，国家蒙辱、人民蒙难、文明蒙尘，中华民族遭受了前所未有的劫难。世界历史和中国惨痛的历史教训都表明，要摆脱任人宰割、饱受欺凌的悲惨命运，冲破"落后就要挨打"的局面，就必须走工业化道路、加快实现国家现代化。无数仁人志士为实现国家现代化、推动中华民族复兴进行了各种尝试，但都以失败告终。他们所进行的探索之所以最终归于失败，最根本的原因是，没有在正确理论的指导下，找到现代化的正确道路。十月革命一声炮响，给中国送来马克思列宁主义。中国的先进分子逐渐认识到，只有走社会主义道路，才能实现国家现代化。中国共产主义运动的先驱李大钊同志指出，今日在中国想发展实业，非由纯粹生产者组织政府，以铲除国内的掠夺阶级，抵抗此世界的资本主义，依社会主义的组织经营实业不可[2]。

---

[1]　中共中央宣传部:《习近平新时代中国特色社会主义思想学习纲要》，学习出版社、人民出版社，2023，第 52 页。

[2]　李大钊:《李大钊全集（第三卷）》，人民出版社，2013，第 360 页。

面对帝国主义的压迫和封建主义的剥削，中国要推进现代化，首要的条件就是实现民族独立和人民解放。中国共产党把为中国人民谋幸福、为中华民族谋复兴作为自己的初心使命，自成立那天起，就为创造这样的条件而进行艰苦卓绝的斗争。在新民主主义革命时期，中国共产党团结带领人民开辟了农村包围城市、武装夺取政权的正确革命道路，经过 28 年的浴血奋战，推翻了"三座大山"，建立了新中国，实现了民族独立、人民解放，彻底结束了旧中国半殖民地半封建社会的历史，彻底结束了极少数剥削者统治广大劳动人民的历史，彻底结束了旧中国一盘散沙的局面，彻底废除了列强强加给中国的不平等条约和帝国主义在中国的一切特权，为实现现代化创造了根本社会条件。

新中国成立之初，中国的社会生产力水平极度低下，现代性的工业占比很低，分散的、个体的农业经济和手工业经济占到 90% 左右[①]，为数不多的现代产业湮没在小农经济的汪洋大海之中。毛泽东同志曾经十分感慨地指出：现在我们能造什么？能造桌子椅子，能造茶碗茶壶，能种粮食，还能磨成面粉，还能造纸，但是，一辆汽车、一架飞机、一辆坦克、一辆拖拉机都不能造[②]。面对这样的局面，中国共产党领导人民完成了社会主义改造、建立了社会主义制度，成功实现中国历史上最深刻最伟大的社会变革，为现代化建设奠定了根本政治前提和制度基础。社会主义建设时期，为尽快改变生产力极其落后的状况，中国共产党团结带领人民坚持走自己的路，经过艰辛探索，提出努力把中国逐步建设成为一个具有现代农业、现代工业、现代国防和现代

---

① 毛泽东：《毛泽东选集（第四卷）》，人民出版社，1991，第 1430 页。
② 毛泽东：《毛泽东文集（第六卷）》，人民出版社，1999，第 329 页。

科学技术的社会主义强国。经过几个"五年计划"的艰苦奋斗，中国建立起独立的比较完整的工业体系和国民经济体系，取得了包括"两弹一星"在内的一系列重大科学技术成就，为现代化建设奠定了宝贵经验、理论准备、物质基础。

进入 20 世纪七八十年代，面对同西方发达国家在经济科技发展水平上依然存在的巨大差距，面对人民群众改善物质生活状况的迫切需要，中国共产党深刻总结正反两方面经验，作出把党和国家工作中心转移到经济建设上来、实行改革开放的历史性决策。在新的时代背景和历史条件下，中国现代化之路到底该如何走下去，没有现成的答案。是简单重复西方现代化的老路，还是结合实际，走出一条具有中国特色的现代化道路？对此，中国共产党给出了鲜明的回答。1979 年 3 月，邓小平同志明确指出，"现在搞建设，也要适合中国情况，走出一条中国式的现代化道路"①。在改革开放和社会主义现代化建设新时期，中国通过持续深化改革，创造了社会主义和市场经济有机结合的制度形态，确立了公有制为主体、多种所有制经济共同发展等基本经济制度，激发全社会现代化建设的积极性；通过不断扩大开放，充分利用国际国内两个市场、两种资源，以扩大开放带动创新、推动改革、促进发展，实现发展的内外联动。这一时期，中国实现了从生产力相对落后的状况到经济总量跃居世界第二的历史性突破，实现了人民生活从温饱不足到总体小康、奔向全面小康的历史性跨越，为中国式现代化提供了充满新的活力的体制保证和快速发展的物质条件。

---

① 邓小平：《邓小平文选（第二卷）》，第 2 版，人民出版社，1994，第 163 页。

　　党的十八大以来，以习近平同志为核心的党中央面对世界之变、时代之变、历史之变，统筹中华民族伟大复兴战略全局和世界百年未有之大变局，坚持目标导向和问题导向相结合，聚焦现代化建设遇到的突出矛盾和问题，全面深化改革开放，不断推进各方面创新，成功开启了中国式现代化新征程。中国共产党坚持把马克思主义基本原理同中国具体实际相结合、同中华优秀传统文化相结合，创立了习近平新时代中国特色社会主义思想，为中国式现代化提供了根本遵循。这一时期，中国共产党深化对中国式现代化的内涵和本质的认识，概括形成中国式现代化的中国特色、本质要求和重大原则，初步构建了中国式现代化的理论体系，使中国式现代化更加清晰、更加科学、更加可感可行；作出一系列新的战略安排，提出分两步走在本世纪中叶建成社会主义现代化强国，进一步丰富中国式现代化的战略体系；进行新的实践探索，推进一系列变革性实践，实现一系列突破性进展，取得一系列标志性成果，使中国特色社会主义制度更加成熟更加定型，国家经济实力、科技实力、综合国力跃上新台阶，全社会凝聚力和向心力极大提升，为中国式现代化提供了更为完善的制度保证、更为坚实的物质基础、更为主动的精神力量。

　　中国式现代化是强国建设、民族复兴的唯一正确道路。建成社会主义现代化强国，是中华民族伟大复兴的主要标志。中国式现代化作为一个历史过程，是建成社会主义现代化强国、实现中华民族伟大复兴的根本途径，它将从经济、政治、文化、社会和生态等领域为强国建设、民族复兴不断创造条件、夯实基础。

二、中国式现代化具有各国现代化的共同特征

英国工业革命开启了世界现代化进程。尽管各国现代化的具体路径不同，但都遵循着人类文明进步的一般规律，也有一些共同特征。从一般规律看，成功推进现代化，必须建立符合人类进步方向、适应本国国情的社会制度；必须以科技进步为主要推动力，大力发展社会生产力；必须随着经济结构和社会结构的变化，创新国家治理和社会治理。从共同特征看，各国现代化都经历了以工业化为主要内容的经济结构转变、以城市化为主要内容的社会结构变迁。中国式现代化既遵循了现代化的一般规律，也反映出各国现代化的共同特征。

中国建立了符合人类进步方向、适应本国国情的社会制度。马克思主义认为，生产力决定生产关系，经济基础决定上层建筑，生产关系和上层建筑具有巨大的反作用。英国在 17 世纪 40 年代爆发资产阶级革命，建立了资本主义制度。这一制度相对于封建制度来说是一种进步。英国在这一制度的支持下，率先爆发了工业革命，实现了生产力的巨大发展。但需要指出的是，由于资本主义制度存在无法克服的固有矛盾，不少西方国家历史上和现在都出现了贫富分化、社会撕裂、政治极化等严重问题。作为现代化后发国家，中国要借鉴先发国家的经验，也要汲取先发国家的教训，不能复制西方国家的制度，必须建立符合人类进步方向、适应本国国情、更为进步的社会制度。新民主主义革命时期，中国共产党团结带领人民在根据地创建人民政权，探

索建立新民主主义经济、政治、文化制度。新中国成立后，中国共产党团结带领人民制定了《共同纲领》、1954 年宪法，确定了国体、政体、国家结构形式，建立国家政权组织体系，进行社会主义改造，确立社会主义基本制度。改革开放以来，中国共产党团结带领人民开创了中国特色社会主义，推动中国特色社会主义制度不断完善，使国家制度和国家治理体系多方面的显著优势更加充分地发挥出来，为政治稳定、经济发展、文化繁荣、民族团结、人民幸福、社会安宁、国家统一提供了有力保障。

中国高度重视科技进步，大力发展社会生产力。历史唯物主义认为，生产力是推动社会进步的最活跃、最革命的要素，生产力发展是衡量社会发展的带有根本性的标准。先发国家的现代化首先表现为生产力的巨大发展，同时，也表现为科学技术的不断进步。对于后发国家来说，依靠科技进步发展生产力是实现国家现代化的基本途径。新中国成立后不久，党中央就发出了"向现代科学进军"的号召，编制了《1956—1967 年科学技术发展远景规划》。从 1953 年开始，中国就通过编制和实施"五年计划"推动生产力的发展。改革开放后，邓小平同志明确指出，"社会主义的任务很多，但根本一条就是发展生产力"[1]，"科学技术是第一生产力"[2]。党的十八大以来，中国共产党坚持把发展作为解决中国一切问题的基础和关键，坚持科技是第一生产力、人才是第一资源、创新是第一动力，深入实施科教兴国战略、人才强国战略、创新驱动发展战略。通过几十年的发展，中国在生产力发展和科学技术进步等方面都取得了举世瞩目的巨大成就。2022 年，中国国内生产总值达

---

[1] 邓小平：《邓小平文选（第三卷）》，人民出版社，1993，第 137 页。

[2] 邓小平：《邓小平文选（第三卷）》，人民出版社，1993，第 377 页。

到 121 万亿元，人均国民总收入达到 1.29 万美元 [①]，已接近高收入国家门槛。中国研发人员总量在 2013 年超过美国，已连续多年稳居世界第一位；研发经费投入强度 2014 年突破 2%，2022 年突破 2.5%。中国在载人航天、探月探火、量子信息、新能源技术、大飞机制造等领域取得重大成果，已进入创新型国家行列。

中国的现代化伴随着以工业化为主要内容的经济结构转变。先发国家在现代化过程中都经历了工业化，并随着工业化水平的提高，经济结构不断演变。以美国为例，按产值规模或增加值排序，1860 年排在前三位的产业分别是面粉及肉食、棉织品和木材加工；1914 年排在前三位的分别是屠宰及肉食罐头、钢铁、面粉厂及谷粉厂产品；1937 年排在前三位的分别是炼钢厂及碾片厂产品、摩托车、肉食罐头及其批发；1980 年排在前三位的分别是机械和电子、交通、食品 [②]。纵观先发国家产业结构的演变历程，他们大都经历了从劳动密集型产业占主导地位到资本密集型产业占主导地位，再到技术密集型产业占主导地位的转变。中国的产业结构也经历了类似的变化。从新中国成立初期至 20 世纪 90 年代，中国工业结构是以钢铁、建材、农副食品、纺织等传统行业为主。进入 21 世纪，特别是党的十八大以来，中国高技术产业、先进制造业和战略性新兴产业逐步发展壮大。2022 年，中国新产业、新业态和新商业模式等"三新"经济增加值占国内生产总值的比重达到 17.4%，较 2017 年高出 1.7 个百分点。

[①] 世界银行数据。

[②] 福克纳：《美国经济史（下卷）》，商务印书馆，2018，第 44-46 页；乔森纳·休斯、路易斯·凯恩：《美国经济史（第 7 版）》，北京大学出版社，2011，第 602 页。

　　中国的现代化伴随着以城市化为主要内容的社会结构变迁。城市是社会生产力发展到一定阶段的产物，城市化是现代化的重要标志。英国 1800 年的城市化率为 33.9%，1851 年达到 52%，1870 年达到 65.2%，1910 年达到 78.9%[①]。美国 1800 年城市化率只有 6.1%，1850 年为 15.3%，1920 年达到 51.2%，2010 年达到 80.9%[②]。在城市人口占比不断提高的同时，先发国家的社会结构也在不断变迁，呈现多元化、复杂化的态势。在其城市化的早期或中前期，从规模上看，从事农业和制造业的人员占主导地位，体力劳动者占比高；随着城市化进程的推进，从事服务业的人员越来越多，脑力劳动者占比越来越高，律师、医生、教师、建筑师、会计师等中产阶级逐步成为社会的重要组成部分。1949 年，中国的常住人口城镇化率只有 10.6%，1978 年达到 17.9%，2022 年达到 65.2%。在城镇人口占比提高的同时，中国的社会结构也发生了巨大变化，已由农民占主体的社会变成了以城市居民占主体的社会，不仅如此，教师、医生、工程师、科学家等脑力劳动者的规模也越来越大。

　　随着经济结构和社会结构的变化，中国不断创新国家治理和社会治理方式。现代化不仅是生产力不断发展、物质财富不断积累的过程，也是经济结构和社会结构不断变化的过程。为适应这种变化，国家治理和社会治理的体制机制也必须不断创新。美国 1776 年宣布独立，1787 年制定和通过《美利坚合众国宪法》，之后 200 多年对其宪法修

---

① 高德步：《工业化与城市化的协调发展——英国经济史实例考察》，《社会科学战线》1994 年第 4 期，第 48-52 页。

② 马晓河：《美国经济崛起过程中的城市化及对中国的启示》，《经济纵横》2020 年第 1 期，第 43-49+2 页。

改了 27 次，这从一个侧面反映了美国为适应经济结构和社会结构的变化，不断地创新国家治理和社会治理方式。在社会主义革命和建设时期，中国建立了计划经济体制，以及与之相适应的国家治理、社会治理体制机制。改革开放以后，中国逐步建立了社会主义市场经济体制，同时也推动了政治、文化、社会等领域的改革。通过多年的改革发展，中国基本建立了与经济结构和社会结构相适应的国家治理、社会治理体制机制。

三、中国式现代化更有基于自己国情的鲜明特色

习近平总书记指出，一个国家走向现代化，既要遵循现代化一般规律，更要符合本国实际，具有本国特色[①]；中国式现代化是人口规模巨大、全体人民共同富裕、物质文明和精神文明相协调、人与自然和谐共生、走和平发展道路的现代化[②]。要把中国式现代化五个方面的中国特色变为成功实践，把鲜明特色变成独特优势，需要付出艰巨努力。

中国人口规模超过现有发达国家的人口总和，中国式现代化是人类历史上前所未有的、最为波澜壮阔的现代化，也是难度最大的现代

---

①　《习近平在学习贯彻党的二十大精神研讨班开班式上发表重要讲话强调　正确理解和大力推进中国式现代化》，《人民日报》2023 年 2 月 8 日第 1 版。

②　习近平：《携手同行现代化之路——在中国共产党与世界政党高层对话会上的主旨讲话》，《人民日报》2023 年 3 月 16 日第 2 版。

化。人口规模巨大，意味着市场潜在空间大、分工效应高，有助于形成规模经济优势和比较完整的产业体系；意味着中国的现代化将面临更强的资源环境约束，必须走资源节约、环境友好的发展道路；意味着中国的现代化将改写现代化的世界版图，深刻影响世界政治经济格局，处理好内外关系更具挑战性；意味着占总人口较低比重的群体面临的问题可能演变成为一个大问题，实现社会良好治理难度大。谋划和推进中国式现代化的各项工作，都需要把巨大的人口基数作为重要前提。

全体人民共同富裕是中国式现代化的本质特征，也是区别于西方现代化的显著标志。党的十八大以来，我们在促进共同富裕方面取得了显著成效。也要看到，城乡区域发展差距和收入差距依然较大，与人民群众对共同富裕的期盼有距离，要自觉主动地解决城乡区域发展差距和收入差距的问题。要在继续做好做大"蛋糕"的同时，进一步分好"蛋糕"，初次分配、再分配、第三次分配协同发力，努力提高居民收入在国民收入分配中的比重，努力提高劳动报酬在初次分配中的比重，着力解决好民生问题，让现代化建设成果更多、更公平地惠及全体人民。同时，要充分认识到，中国仍然处于并将长期处于社会主义初级阶段，实现全体人民共同富裕是一个长期过程，必须有足够的历史耐心；要按照经济社会发展规律循序渐进，不断地、逐渐地解决好共同富裕的实现问题。

既要物质富足，也要精神富有，是中国式现代化的崇高追求。西方国家的现代化往往伴随着信仰缺失、精神贫乏、物欲横流等问题，中国要坚决避免出现类似问题。还要看到，迈上现代化新征程，人民精神文化需求将持续增长，也会呈现越来越多元化的局面。推进中国式现代化，要推动物质文明和精神文明相互协调、相互促进，推动文化繁荣，建设文化强国，建设中华民族现代文明，打造全体人民共同享有的精神家园，让全体人民始终拥有团结奋斗的思想基础、开拓进取的主动精神、健康向上的价值追求。

尊重自然、顺应自然、保护自然，促进人与自然和谐共生，是中国式现代化的鲜明特点。西方国家的现代化大都经历了对自然资源肆意掠夺和对生态环境恶性破坏的阶段，在创造巨大物质财富的同时，往往造成环境污染、资源枯竭等严重问题。中国人均资源禀赋严重不足，现代化所处的时代背景、历史阶段与西方国家快速推进现代化时显著不同，推进现代化面临更强烈、更严格的能源资源和环境约束，不可能走西方国家的老路，必须走出一条永续发展的新路，必须加快形成绿色低碳的产业结构、生产方式、生活方式，在守住底线、节约集约、多目标平衡下促进高质量发展。

在坚定维护世界和平与发展中谋求自身发展，又以自身发展更好维护世界和平与发展，是中国式现代化的突出特征。中国是社会主义国家，中华民族是爱好和平的民族，决不可能走一些国家通过战争、殖民、掠夺等方式实现现代化的老路。当今世界，恃强凌弱、巧取豪夺、零和博弈等霸权行径危害深重，世界又一次站在历史的十字路口。还要看到，作为人口大国，中国的现代化将深刻影响世界政治经济格局，会受到一些国家的打压、遏制。中国将坚定站在历史正确的一边，高举和平、发展、合作、共赢旗帜，以中国新发展为世界提供新机遇，推动全球治理朝着更加公正合理的方向发展，促进各国共同走和平发展道路。

四、中国式现代化是一种全新的人类文明形态

习近平总书记指出，中国式现代化，深深植根于中华优秀传统文化，体现科学社会主义的先进本质，借鉴吸收一切人类优秀文明成果，代表人类文明进步的发展方向，展现了不同于西方现代化模式的新图景，是一种全新的人类文明形态[①]。

这一全新的人类文明形态是社会主义的文明形态。现有的发达国家主要是欧美国家和深受西方文明影响的资本主义国家，这使人们产生了现代化就是西方化、西方文明就是现代文明的错觉。实际上，受基本矛盾支配，资本主义文明存在着无法克服的弊端：对内，以资本为中心，广大人民的根本利益得不到应有的尊重和保护；对外，奉行丛林法则和弱肉强食的逻辑，给广大发展中国家带来深重灾难。中国式现代化这一人类文明新形态是在中国共产党领导下创造的社会主义文明形态，体现了马克思主义的精髓要义。马克思、恩格斯指出，无产阶级的运动是绝大多数人的，为绝大多数人谋利益的独立的运动[②]。习近平总书记强调，马克思主义博大精深，归根到底就是一句话，为人类求解放[③]。这一人类文明新形态，反映着中国共产党人"为人民谋幸福，为民族谋复兴，为世界谋大同"的目标追求：对

[①] 《习近平在学习贯彻党的二十大精神研讨班开班式上发表重要讲话强调 正确理解和大力推进中国式现代化》，《人民日报》2023 年 2 月 8 日第 1 版。

[②] 马克思、恩格斯：《共产党宣言》，人民出版社，2014，第 39 页。

[③] 习近平：《在纪念马克思诞辰 200 周年大会上的讲话》，《人民日报》2018 年 5 月 5 日第 2 版。

内，坚持以人民为中心，坚持发展为了人民、发展依靠人民、发展成果由人民共享，把增进人民福祉、促进人的全面发展、朝着共同富裕方向稳步前进作为经济发展的出发点和落脚点，把为民造福作为立党为公、执政为民的本质要求；对外，致力于构建人类命运共同体，致力于为人类谋进步、为世界谋大同，促进国际经济秩序朝着平等公正、合作共赢的方向发展，为解决人类面临的共同问题作出贡献。

这一全新的人类文明形态是中国特色社会主义的文明形态。俄国十月革命胜利以后，科学社会主义从理论变为现实，世界上诞生了不少社会主义国家。然而，在20世纪80年代末90年代初，世界社会主义运动遭受严重挫折。面对严峻考验，中国共产党团结带领中国人民，坚持党的基本路线不动摇，把社会主义制度和市场经济有机结合起来，确立了公有制为主体、多种所有制经济共同发展等基本经济制度；坚持走中国特色社会主义政治发展道路，发展全过程人民民主，保障人民当家作主；坚持走中国特色社会主义社会治理之路，建设人人有责、人人尽责、人人享有的社会治理共同体，成功开创了中国特色社会主义道路。这一人类文明新形态，创造了世所罕见的经济快速发展奇迹和社会长期稳定奇迹，让社会主义在中国大地上焕发出新的强大生命力。

这一全新的人类文明形态是中国特色社会主义的现代化的文明形态。中国式现代化这一文明形态是动态演进的，随着时代的变化而不断超越既往。新时代十年，在以习近平同志为核心的党中央坚强领导下，中国式现代化又向前迈进了一大步，在全球竞争中创造了竞争新优势：规模经济优势突出，能够为不同技术创新路线、商业创新模式提供足够赛道和空间，让真正具备竞争优势、符合产业升级方向的产品和企业快速成长；第一制造业大国地位进一步巩固，规模化、集群化、网络化、数字化优势更加凸显，既能大规模标准化生产，又能快速响应个性化需求；科技创新能力不断增强，人才基础、创新主体、新兴产业、新型举国体制等优势正在聚合释放，创新驱动发展的基础更加扎实和巩固；经济深度融入世界经济体系，已成为全球经贸联系最广泛的国家，"世界工厂"的地位日益巩固，"世界市场"的重要性不断提升；人力资本质量红利显现，资本丰裕度明显改善，数据要素潜能正快速释放，要素禀赋优势实现动态升级，经济发展的比较优势正加速从劳动密集型向资本密集型和技术密集型转变；新型城镇化持续推进，生产生活方式的数字化、绿色化转型加速推进，消费结构不断优化，人民对美好生活的向往不断变成现实，总需求较快释放和升级。利用好、巩固好、发展好这些新优势，既是经济基本面长期向好的重要支撑，也是解决当前经济问题的重要基础，更是实现现代化目标的重要保障。新征程上，中国将在科技自立自强水平不断提高的基础上，逐步形成更为强大的技术体系；在产业体系完备和配套能力强的优势不断发展提升的基础上，逐步形成具有完整性、先进性、安全性的现代化产业体系；在不断扩大制度型开放的基础上，逐步形成更具国际影响力的开放体系，中国式现代化将进一步拓展和深化。

中国式现代化这一人类文明新形态打破了"现代化＝西方化"的迷思，展现了现代化的新图景，丰富了发展中国家走向现代化的路径选择，拓展了实现全人类共同价值的道路，为解决当代世界面临的重大挑战贡献了中国智慧，为人类对更好社会制度的探索提供了中国方案。

五、以中国式现代化全面推进中华民族伟大复兴必须有效应对一系列重大风险挑战

习近平总书记指出，推进中国式现代化，是一项前无古人的开创性事业，必然会遇到各种可以预料和难以预料的风险挑战、艰难险阻甚至惊涛骇浪[①]。要清醒地认识到，当前世界百年未有之大变局加速演进，逆全球化思潮抬头，局部冲突和动荡频发，世界进入新的动荡变革期。中国改革发展稳定面临不少深层次矛盾躲不开、绕不过，来自外部的打压遏制随时可能升级。中国发展进入战略机遇和风险挑战并存、不确定难预料因素增多的时期，各种"黑天鹅""灰犀牛"事件随时可能发生。

应对这些风险挑战，必须全面落实习近平总书记在2023年2月7日学习贯彻党的二十大精神研讨班开班式上的重要讲话精神，正确处理好顶层设计与实践探索、战略与策略、守正与创新、效率与公平、活力与秩序、自立自强与对外开放等一系列重大关系[②]。处理这六对关系，角度不完全一样，需要把握的重点、难点也不完全一样。处理前三对关系，主要靠我们自己的积累和把握；处理后三对关系，要注重学习借鉴国外现代化的经验教训，不断深化对现代化规律的认识，不断提高应对各种风险挑战的能力。

正确处理顶层设计与实践探索的关系。顶层设计是把握方向、统

---

①② 《习近平在学习贯彻党的二十大精神研讨班开班式上发表重要讲话强调　正确理解和大力推进中国式现代化》，《人民日报》2023年2月8日第1版。

领目标的。推进中国式现代化是一项系统工程，没有科学的顶层设计，现代化可能会偏离方向，各项分目标可能会相互冲突，最终达不到预期目标。实践探索是寻觅路径、寻找办法的。推进中国式现代化前无古人，必须通过实践寻找发展的路径。而现代化领域广泛，各方面任务的性质和特征不同，面临的问题各异；中国幅员辽阔，各地区情况差异大，面临的挑战不同。只有通过各地区、各部门的实践探索，才能找到推进现代化的具体的方式方法。处理好顶层设计与实践探索的关系，要根据现代化总体安排和分阶段、分领域的发展目标，设计好总体战略和各项分战略；要充分发挥基层积极性、发挥人民群众创造性，根据时和势的变化，勇于探索未知领域，提出新思路新办法，创造新鲜经验。

正确处理战略与策略的关系。战略是统领全局、预见未来、引领未来的。没有正确的战略，就难以在把握客观规律的基础上作出事关全局、事关长远的判断和决策，现代化建设就有可能顾此失彼，也有可能出现方向上的摇摆。策略是为战略实施提供科学方法的。没有正确的策略，就难以把正确的战略分解为可行的施工表和路线图，就难以使正确的战略落地生效。处理好战略与策略的关系，要着眼于解决事关党和国家事业兴衰成败、牵一发而动全身的重大问题，谋划战略目标、制定战略举措，为中国式现代化提供强大的战略支撑；要适应新情况、新变化，把战略的原则性和策略的灵活性结合起来，因地制宜、因势而动、顺势而为。

正确处理守正与创新的关系。守正创新是习近平新时代中国特色社会主义思想的重要思想方法。守正就是坚持正确的立场、观点和方法。守正才能不迷失现代化的方向，才能在现代化进程中不犯颠覆性错误。创新是把握时代、引领时代的。时代在变，推进现代化的思路途径、方式方法也要变化，否则就会犯刻舟求剑、守株待兔的错误，错失时代赋予的发展机遇。处理好守正与创新的关系，要毫不动摇坚持中国式现代化的中国特色、本质要求和重大原则，确保中国式现代化的正确方向；要顺应时代发展要求，积极识变应变求变，大力推进各方面创新，不断开辟发展新领域。

正确处理效率与公平的关系。效率是生产力进步的体现，是物质财富增长的基础。中国式现代化要想最终成功，必须创造比资本主义更高的效率。公平是推进社会主义现代化的内在要求。习近平总书记指出，贫穷不是社会主义，贫穷的平均主义不是社会主义，富裕但是不均衡、两极分化也不是社会主义。共同富裕才是社会主义①。既要提高效率又要实现公平，是一大世界性难题。处理得不好，要么损失效率，要么带来严重的社会问题。处理好效率与公平的关系，要坚持"两个毫不动摇"，把社会主义制度和市场经济更好有机结合起来，既要发挥市场经济的长处，又要发挥社会主义制度的优越性；要防止社会阶层固化，畅通向上流动通道，扎实推进共同富裕取得更为明显的实质性进展。

正确处理活力与秩序的关系。活力是创新创造的源泉，没有活力的社会就有可能成为一个停滞的社会，不可能迈向现代化。但经济社会运行也必须有秩序，没有秩序的社会就有可能出现混乱和动荡，干扰甚至阻滞现代化进程。处理好活力与秩序的关系，要实现活而不乱、活而有序的动态平衡。要深化各方面体制机制改革，充

---

① 《微镜头·习近平总书记两会"下团组"》，《人民日报》2022年3月7日第1版。

分释放全社会创新创造潜能；要适应人民群众在民主、法治、公平、正义等方面日益增长的需求，发展全过程人民民主，完善社会治理体系；要统筹发展和安全，贯彻总体国家安全观，健全国家安全体系。

正确处理自立自强与对外开放的关系。在经济全球化背景下，任何一个国家的发展都离不开外部资源和外部市场，必须利用好国际循环。但是，大国和小国对国际市场的依赖程度不一样，小国发展可以依赖国际市场；大国发展必须立足自身，历来都以内循环为主体，而且随着经济规模的扩大，内循环越来越重要。2022 年，新加坡进出口总额相当于国内生产总值的 330.0%，而美国仅为 27.4%[①]。中国是人口大国，目前已是世界第二大经济体，内循环的重要性日益突出。处理好自立自强与对外开放的关系，要加快构建以国内大循环为主体、国内国际双循环相互促进的新发展格局，在扩大高水平对外开放、更好利用国际循环的同时，必须更多依靠国内大循环、增强内循环的内生动力和可靠性，必须提高产业链供应链韧性和安全水平，必须提高科技自立自强水平，必须保证极端情况下国民经济能够正常运行，必须把国家和民族发展放在自己力量的基点上。

实现中国式现代化归根到底要靠中国共产党的全面领导。习近平总书记指出，党的领导直接关系中国式现代化的根本方向、前途命运、最终成败[②]。党的领导能够激发建设中国式现代化的强劲动力，能够凝

---

① 世界银行数据。
② 习近平：《中国式现代化是中国共产党领导的社会主义现代化》，《求是》2023 年第 11 期，第 4-7 页。

聚建设中国式现代化的磅礴力量。展望未来，有习近平总书记的举旗定向、掌舵领航，有党中央的总揽全局、协调各方，中国式现代化必将沿着正确的方向乘风破浪、行稳致远，中华民族伟大复兴中国梦一定能够实现。

专题二 | 中国经济发展具有重要基础和优势

新时代十年，在习近平经济思想科学指引下，中国经济发展已形成重要基础和优势。2023 年以来，在以习近平同志为核心的党中央坚强领导下，各地区各部门认真贯彻中央决策部署，落实落细国务院出台的一系列具有针对性和含金量的政策举措，着力扩大需求、增强动能和守住底线，不断推动中国经济总体回升向好，全年经济社会发展目标可以实现。同时也要看到，中国经济仍处于疫后恢复阶段，外部环境复杂多变，内生动力尚需巩固，推动高质量发展仍需要克服不少困难挑战。深刻把握并利用好、巩固好、发展好中国经济发展的重要基础和优势，既是中国经济基本面长期向好的重要支撑，也是解决中国经济发展面临问题的重要条件。

一、规模经济优势突出

随着技术进步、国际分工和贸易形态的演变，国际通行的竞争优势理论已从绝对优势理论、比较优势理论、要素禀赋理论逐步演变到规模经济优势理论。改革开放以来，中国加入全球分工体系，充分发挥自身比较优势，取得了举世瞩目的经济发展成就，并深度融入世界经济。新时代以来，中国经济总量不断壮大，发展质量不断提升，连续多年保持世界第一制造业大国、第一货物贸易大国、全球经济增量贡献第一大国地位。规模经济优势更加凸显，已成为中国经济发展的突出优势。

规模经济有利于企业摊薄成本，尤其是前期投入较大的固定成本和创新成本，帮助企业依靠在国内市场获得的低成本优势走向国际市场，提升国际市场占有率和竞争力。规模经济可以容纳多条技术路线竞争成长，为不同技术创新路线、商业创新模式提供足够赛道和空间，让真正具备竞争优势、符合产业升级方向的产品和企业快速成长。规模经济有利于促进精细分工、拉长产业链，形成产业集群。截至 2022 年底，中国已形成 66 个国家级战略性新兴产业集群、45 个国家先进制造业集群，对全球资源要素的吸引和聚集功能不断增强[①]。规模经济为众多深耕细分领域的企业提供广阔成长空间。新时代以来，中国在互联网领域涌现出百余家平台企业和 300 多家独角兽企业，在工业领域涌现出 1200 余家单项冠军企业和近 9000 家专精特新"小巨人"企业。中国幅员辽阔，各地资源要素禀赋不同、发展程度不一，比较优势具有一定互补性，能够拉长产业的生命周期，为全国范围内的产业再布局和梯度转移提供腾挪空间。

二、中国仍处于总需求较快释放的阶段

需求仍是全球经济增长中最稀缺的资源，是经济增长的重要拉动力量。中国已踏上全面建设社会主义现代化国家新征程，新型城镇化和消费结构升级持续推进，生产生活方式的数字化、绿色化转型加速推进，人民对美好生活的向往不断变成现实，持续释放出巨大需求。

[①]　工业和信息化部公布 45 个国家先进制造业集群名单，2022 年 11 月 30 日。

　　第一，中国尚未出现"刘易斯第二拐点"（指农业剩余劳动力转移完毕、形成城乡一体化劳动力市场的转折点），新型城镇化加速推进，大量农业转移人口在住房、教育、医疗、养老等方面产生巨大需求。同时，城市老旧小区更新改造，地下管网、停车场、公共服务等基础设施建设升级等，也将释放巨大需求。第二，中国居民收入水平不断提高，中等收入群体规模超过 4 亿人，居民消费呈现多样化、高端化、服务化等特征。同时，中国居民恩格尔系数为 30% 左右，远高于发达经济体。随着经济发展、居民收入水平提高，恩格尔系数逐步降低，更多商品和服务消费需求将得到释放。未来中国服务消费占比将逐步提高至 60% 左右，可带动居民消费增长约 35%。2022 年，中国新注册登记汽车 2323 万辆，尤其是新能源汽车增长 81.48%[①]，但每千人汽车保有量 226 辆，明显低于美国的 843 辆、德国的 634 辆和日本的 625 辆，具有较大提升空间。第三，绿色低碳转型带动投资和消费双扩容。实现"双碳"目标是一场广泛而深刻的变革，正推动中国能源结构、产业结构、交通运输结构和生产生活方式等转型升级，其中蕴含着大规模投资和消费需求。比如，一批风电光伏基地项目正在有序推进，可再生能源生产、储存与输送仍需大量投资，钢铁、水泥、石化等重化工业多数设备需要进行绿色低碳改造，面向"双碳"目标的规则、技术及市场监管将推动生产生活方式实质性改变，绿色低碳商业服务等发展前景广阔。第四，数字化转型将创造需求新空间。从消费看，自 2013 年起中国连续 10 年拥有全球最大的网络零售市场，数字技术催生虚拟现实和自动驾驶等新的消费场景，一些消费

---

　　① 公安部交通管理局：全国机动车保有量达 4.17 亿辆，驾驶人超过 5 亿人，新能源汽车保有量达 1310 万辆，同比增长 67.13%，2023 年 1 月 11 日。

模式从无到有，城乡数字消费市场持续壮大；从投资看，自 2017 年以来中国工业机器人安装量年均增长 13%，2022 年的装机量占全球比重超过 50%，数字技术的广泛应用不仅能够提高生产效率、节约人力成本，而且正逐步进入人工做不好甚至做不到的领域并开辟新赛道，激励企业不断加大数字化投资改造；从贸易看，数字化正在促进全球服务贸易加快发展、创造新的贸易机会，过去许多不可贸易的服务（如教育、医疗等）都变得可贸易，中国在数字技术应用、平台企业、互联网生态等方面的积累有利于创造和分享全球数字贸易红利。

三、要素禀赋优势实现动态升级

要素禀赋是经济发展的基础条件。与改革开放之初相比，当前中国要素禀赋结构已发生深刻改变，经济发展的比较优势正加速从劳动密集型向资本和技术密集型转变，为加快形成新的发展优势提供了有利条件。

一是劳动力素质持续提升。在人口数量红利趋于下降的同时，人力资本质量的红利正在显现。2012—2023 年，中国毕业大学生数量累计超过 9800 万，新增劳动力平均受教育年限上升到 14 年，科研人才数量稳居全球首位。二是资本丰裕度明显改善。资本积累及其有效配置是推动工业化城镇化发展的必要条件。2022 年中国国民储蓄率为 46.8%，比其他主要经济体高 20 个百分点以上。中国资本形成额占全球比重已从 1978 年的 0.7% 上升至 2021 年的 29.6%，资本和技术密集型产业发展所需的资金缺口明显缩小，资本积累及其有效配置为加快推进新型工业化和城镇化提供了必要条件。三是土地高效利用和再配置空间巨大。目前中国还有不少未利用土地和大量低效利用土地，土地资源盘活利用、城镇用地结构优化等将大幅提高土地资源的利用效率。四是数据要素潜能正快速释放。中国数据资源丰富，2022 年数据产量达 8.1ZB，全球占比为 10.5%，位居世界第二。数据作为新型生产要素已经深度参与各行业的价值创造与升级发展，能够为中国拓展新的发展空间、提供新的发展机遇。

四、制造业系统性优势突出

制造业是参与全球产业分工和国际贸易的主导力量。新时代以来，"中国制造"的国际形象不断提升，中国第一制造业大国的地位进一步巩固，规模化、集群化、网络化、数字化优势更加突出。

一是制造业规模优势明显。中国制造业增加值全球占比从 2012 年的 22.3% 上升到 2022 年的 30.5%，达到 33.5 万亿元[①]，制造业规模连续 13 年居世界首位。中国工业制成品出口规模从 2012 年的 1.9 万亿美元增长到 2022 年的 3.3 万亿美元，占全球制成品市场份额从 16.3% 提高到 21.7%。二是制造业配套能力强。中国是全世界唯一一个拥有联合国产业分类中全部工业门类的国家，多数材料、组件都能找到本土供应商，对创新原型产品快速试制并量产形成强大支撑。大中小企业分工配合，加上数字化、智能化赋能，形成了一批产品生产

---

① 国务院新闻办就 2022 年国民经济运行情况举行发布会，2023 年 1 月 17 日。

集中、配套设施专业、产业链条成熟的产业集群和高效协作的制造业网络，不仅能满足大规模标准化生产需要，而且能快速响应个性化定制需求。三是大规模制造与物流体系形成供应链网络。中国基本建成了各类运输方式快速发展、协同配合的综合立体交通网，形成了以国家级物流枢纽为核心，以区域性物流基地、物流园区、城市配送中心、社区末端网点等为支撑的配送网络，实现了高效运行。2022 年中国快递包裹平均成本约为 1.5 美元，大幅低于有关发达国家。物流成本和效率优势明显，与大规模制造相结合形成供应链网络，极大增强了中国制造业的市场响应能力。四是部分新兴制造领域优势正在形成。以新能源产业为代表的新兴制造业快速成长，已成为重要经济增长点。比如，中国风电整机吊装量全球占比接近 50%；新能源汽车产销量已连续 8 年位居全球第一，出口量连续 2 年位居全球第一。

五、科技创新能力不断增强

新时代以来，中国科研投入保持较快增长，科技创新能力不断增强，人才基础、创新主体、新兴产业等优势正在聚合释放，创新驱动发展的基础更加扎实和巩固。

一是科技研发能力实现大幅跃升。2012—2022 年，中国全社会研发投入年均增长 11.6%，高于经济合作与发展组织（OECD）国家约 4% 的平均增速，研发投入强度从 1.91% 提升到 2.54%[①]；中国申请

---

① 　2012—2022 年《全国科技经费投入统计公报》。

人通过《专利合作条约》（PCT）途径提交的国际专利申请量增长近 2 倍，位居世界第一；中国在世界知识产权组织发布的全球创新指数排名中由 2012 年的第 34 位上升至 2022 年的第 11 位；在全球 6000 多位高被引科学家中，中国占比位居全球第二。二是科技人才优势逐步显现。中国拥有全球规模最大的科学家和工程师群体。按照 OECD 与欧盟标准，科技人力资源总量位居世界第一。三是企业创新进程快速迭代。创新技术与中国丰富的应用场景相结合，不仅可以在应用中实现快速升级，而且可以迅速实现产业化，帮助企业加速创新迭代。四是战略科技力量与市场机制加速结合。中国已经成功组建首批国家实验室，国家科研机构在自然科学领域的高质量科研产出位居全球第二，18 所大学的研究影响力跻身世界百强，国家战略科技力量加速形成。同时，不断完善科技成果评价机制和科研人员薪酬制度、开展赋予科研人员职务科技成果所有权或长期使用权试点工作、深化应用"揭榜挂帅"等机制，更加突出企业科技创新主体地位。五是数字经济引领优势凸显。中国数字经济规模已连续多年位居全球第二，在人工智能、物联网、量子信息等领域拥有的发明专利授权量位居世界首位，数字化智能化"灯塔工厂"数量超过全球 1/3，逐步形成具有一定领先优势的创新生态系统。

六、中国经济已深度融入世界经济体系

新时代以来，中国坚定不移扩大对外开放，深度融入全球分工体系，作为"世界工厂"的地位日益巩固，作为"世界市场"的重要性不断提升。

一是中国已成为全球经贸联系最广泛的国家。根据联合国贸易数据库的计算，在 2022 年与全球的 144 个贸易伙伴中，中国是 55 个经济体的第一大进口来源国、21 个经济体的第一大出口目的国，2223 种商品出口规模位居全球第一、722 种商品进口规模位居全球第一；出口目的地更加多元，出口目的地集中度指数已从 2012 年的 7.0% 下降到 2022 年的 4.9%。二是中国已成为全球价值链三大枢纽之一。2012—2022 年，中国制造业中间品进出口规模全球占比从 10.7% 提升到 13.0%；2022 年，中国在全球货物贸易网络上的中心度指数位列前三。三是中国已成为跨国公司最重要的市场之一。2022 年，全球 4.4 万家上市公司在中国市场的销售额为 15.1 万亿美元，占其全球销售额的 19.8%；其中，销售额在前 200 位的全球上市公司在中国市场的销售额为 5.7 万亿美元，占其全球销售额的 22.3%。中国作为国际经贸联系稳定器的地位更加突出。新时代以来，中国全面深化改革，实行更加积极主动的开放战略，既创造了举世瞩目的发展成就，也为外资企业长期在中国投资和发展营造了良好营商环境。中国社会长期稳定、投资机会众多、投资回报可观，对各国企业形成强大吸引力。

专题三 | 中国人口高质量发展战略研究

习近平总书记多次强调，人口问题始终是我国面临的全局性、长期性、战略性问题[1]。人口发展是关系中华民族伟大复兴的大事[2]，必须全面认识、正确看待中国人口发展新形势，认识、适应、引领人口发展新常态。面对中国人口总量和结构的重大变化，建议实施五方面战略举措，突出数量挖潜与素质提升结合、技术进步与制度创新结合、布局优化与资源环境持续改善结合，创造条件使人口变化的负面影响最小化、正面影响最大化、不确定影响尽可能转化为正面影响，以全面推进人口高质量发展支撑中国式现代化。

一、中国人口发展的趋势性特征

党的二十大报告指出，中国式现代化是人口规模巨大的现代化。人口情况始终是中国最重要的国情之一。2022 年末，中国总人口比上年末减少了 85 万人，是 1961 年以来首次负增长。近 12 年内，中国先后出现了劳动年龄人口达峰和人口总量达峰两个重大转折点，并呈现少子化、老龄化、区域人口增减分化、人口素质提升等趋势性特征。中国人口发展特征与多数发达国家经历的人口变化趋势一致，总体上

---

[1] 《习近平对人口与计划生育工作作出重要指示》，新华社，2016 年 5 月 18 日。

[2] 《习近平主持召开二十届中央财经委员会第一次会议强调 加快建设以实体经济为支撑的现代化产业体系 以人口高质量发展支撑中国式现代化》，新华社，2023 年 5 月 5 日。

符合世界现代化发展的一般规律，同时，受到中国过去几十年的高速工业化进程与计划生育政策的双重影响，具有自身特点。

（一）中国人口变化总体符合规律，呈现双重因素叠加的特点

随着收入水平提高，国家总体上都会出现生育水平下降和人口增速放缓。在全球 37 个人口过千万的中高收入国家中，有 17 个出现过人口减少，包括日本、德国、英国等。许多国家依靠移民对冲人口减少，如美国出生在其他国家或地区的人口比例高达 13.6%，德国为 16.3%，法国为 12.8%，英国为 13.6%，如果没有移民，人口减少的国家将更多。中国人口减少是经济社会快速发展的客观结果。中国人口变化符合工业化下的人口变化趋势，但中国工业化速度更快，导致人口减少也出现得更早。英国、德国、日本实现人均 GDP 从 3000 美元到 12000 美元的工业化过程分别用了 159 年、88 年和 49 年，而中国仅用了 24 年。相应地，中国人口出现负增长对应的发展阶段也更早，英国、德国、日本分别出现在其人均 GDP 为 19000 美元、20000 美元和 33000 美元的发展阶段，而中国出现在 12000 美元的发展阶段。计划生育政策加速了中国人口变化进程。改革开放后，中国根据经济社会发展实际情况，坚持人口与发展综合决策，将计划生育确立为基本国策，有效控制了人口过快增长及其带来的压力。计划生育政策也使中国生育水平下降更快。与其他国家相比，中国总和生育率从 1971 年的 5.5 下降到世代更替水平的 2.1 用了 20 年，东亚国家平均用时 30 年，世

界平均从 5 下降到当前的 2.3 用了 58 年。计划生育政策还通过影响家庭习惯和社会传统产生了代际传导性，对生育水平造成长期影响。

（二）死亡率稳定在低水平而出生率较快下降是主导中国人口变化的长期趋势

出生率和死亡率决定人口变化趋势，一国人口演变过程往往经历从"高出生率、高死亡率的低增长"到"高出生率、低死亡率的高增长"，再到"低出生率、低死亡率的增速放缓"三个阶段。当前，中高收入以上国家普遍处在第三阶段。中国 1960 年以前、1960—1990 年、1990 年以后分别对应这三个阶段。新中国成立后，中国人口死亡率迅速下降，从 1965 年起长期稳定在 6‰~8‰ 的低水平，低于发达国家水平，2022 年为 7.4‰。同时，出生率呈下降趋势，从 20 世纪 60 年代平均的 33.6‰ 降至 20 世纪 90 年代平均的 17.6‰，2022 年进一步降至 6.8‰（见图 Z3-1），低出生率主导了中国人口增速放缓过程。未来，出生率可能将延续较低水平，主要原因有四个：一是结婚年龄延后，2010—2020 年，中国初婚平均年龄从 24.9 岁升至 28.7 岁；二是年轻人生育意愿下降，国家卫生健康委员会调查显示，育龄妇女平均打算生育子女数从 2017 年的 1.76 个下降到 2021 年的 1.64 个，其中"90 后""00 后"分别仅为 1.54 个和 1.48 个，呈持续下降态势；三是育龄妇女减少，未来 15 年内 15~49 岁的生理育龄妇女规模年均减少 286 万人，受《中华人民共和国婚姻法》和社会传统文化影响，实际育龄在 20~40 岁，实际育龄妇女将年均减少

191 万人；四是不孕不育比例偏高。出生率延续较低水平将主导中国人口变化的长期趋势，预计未来年度出生人口约每十年下一个百万台阶。

图 Z3-1　中国人口出生率、死亡率和自然增长率

资料来源：国家统计局。

专栏 Z3-1　中国生育情况和家庭情况变化

平均初婚年龄较十年前推后近 4 岁。第七次全国人口普查数据显示，2020 年中国人平均初婚年龄达到 28.7 岁，较 2010 年推后了近 4 岁。其中，男性平均初婚年龄为 29.4 岁，

女性为 28.0 岁。同期韩国平均初婚年龄为 32.1 岁，其中男性为 33.6 岁，女性为 30.6 岁；日本平均初婚年龄为 30.5 岁，其中男性为 31.4 岁，女性为 29.6 岁[①]。

平均家庭户规模持续缩减。2020 年平均家庭户规模为 2.6 人，跌破 3 人，比 2010 年减少 0.5 人。从家庭户人数看，一人户占比为 25.4%，二人户占比最高，达到 29.7%，一人户到三人户总共占比为 76.1%。城镇一人户和三人户占比分别高于农村 2.3 个、2.5 个百分点，其他家庭户人数占比均低于农村。

资料来源：第六、第七次全国人口普查数据。

（三）人口总量已进入峰值期，在较长时间内保持下降趋势

总和生育率是影响人口总量趋势的关键变量，近几年中国总和生育率保持在略高于 1 的水平，2022 年为 1.075，低于理论上 2.1 的世代更替水平。国内外多个研究机构对未来中国人口总量变化趋势进行了预测。多数机构认为，未来一段时间中国总和生育率将保持在 1~1.5 的水平，当前人口总量已处于峰值期，未来较长时间内将保持下降趋势。机构普遍预测，到 2035 年中国总人口在 14 亿人左右，到 2050 年中国总人口在 13 亿人左右。

---

① OECD 数据。

（四）年龄结构呈现少儿减少、劳动年龄人口减少、老年人增加的趋势

2022年中国0~14岁、15~64岁、65岁及以上三组人口的比例为17∶68∶15（见图Z3-2），考虑到生育率下降和人均寿命延长，未来少儿和劳动年龄人口的占比可能继续下降。当前中国65岁及以上老年人口占比为14.9%，按照国际标准已进入中度老龄化社会，到2030年将升至20.3%，基本达到重度老龄化社会。尤其是1962—1975年第二次人口生育高峰期出生的3亿人将陆续变为老年人，中国将出现全球最大的老年人群体。

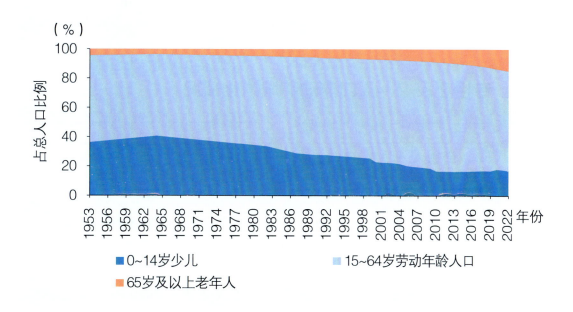

图 Z3-2　中国少儿、劳动年龄人口、老年人占比

资料来源：国家统计局。

（五）区域分布呈现从低密度低生产率地区流向高密度高生产率地区的趋势

一是城镇化率将继续提高，但速度放缓。2022 年中国常住人口城镇化率达到 65.2%（见专栏 Z3-2），城镇化进程还未结束，与发达国家 80% 左右的水平相比，中国常住人口城镇化率将继续提升，在农业规模化经营和农民工市民化的推动下，4.9 亿乡村常住人口中的部分人口还将继续向城市转移。但是城镇化速度将逐步放缓，农民工规模也已接近峰值。二是人口持续向城市群、都市圈和中心城市聚集。2010—2020 年，大城市常住人口增加了 24.4%，四大城市群增加了 14.9%，未来人口将延续向高密度高生产率地区迁移的趋势。

专栏 Z3-2　人口流动和城镇化情况

全国超 1/3 人口的户籍都不在居住地，超过 1/4 为流动人口。第七次全国人口普查数据显示，2020 年中国人户分离人口达到 4.93 亿人，比 2010 年第六次全国人口普查增加 7696.8 万人，占总人口的 35.0%，比 2010 年第六次全国人口普查提高 15.4 个百分点。人户分离主要来自省内，2020 年占比达到 74.7%，高于 2010 年的 67.1%、2000 年的 70.6%。2020 年中国流动人口达到 3.76 亿人，比 2010 年第六次全国人口普查增加 1.5 亿人。从增速来看，2020 年流动人口较 2010 年提高 70.0%，涨幅较上十年收缩 110.6 个百分点。与 2010 年比，2020 年净增人户分离人口总量排名前三的省份分别是广东、浙江和江苏，分别占全部净增人户分离人口的 28.2%、13.2%、7.9%。2020 年来自省外的人户分离人口占比高的前五个省份分别是上海、北京、天津、浙江和广东，占比分别是 69.2%、62.8%、54.6%、53.8% 和 48.9%，占比低的前五个省份分别是河南、黑龙江、安徽、湖南和四川，占比分别是 5.0%、7.2%、8.6%、9.0% 和 9.3%。

中国城镇化率与发达国家仍有差距，区域不平衡较明显。2022 年，中国常住人口城镇化率达 65.2%，较 2010 年上升了 15 个百分点。同期世界平均水平约为 56.9%，美国为 83.1%、日本为 92.0%、英国为 84.4%、法国为 81.5%、德国为 77.6%[①]（见表 Z3-1）。东部省份城镇化率明显高于西部，第七次全国人口普查数据显示，城镇化率最高的 5 个省份依次是上海、北京、天津、广东和江苏，分别是 89.3%、87.5%、84.7%、74.1% 和 73.4%。城镇化率最低的 5 个省份依次是西藏、云南、甘肃、贵州和广西，分别是 35.7%、50.1%、52.2%、53.2% 和 54.2%。

表 Z3-1　中国与主要发达国家人口指标比较

指标	中国		美国	日本	德国	英国	法国	世界
	2022年	2012年						
人口自然增长率（‰）	−0.6	7.4	3	−4.3	−2	2	2	1.5
总和生育率	1.075	1.8	1.6	1.3	1.5	1.6	1.8	2.3
劳动人口占比（15~64岁，%）	68.3	74.1	65.1	58.4	64	63.4	61.3	64.9
老年人口占比（65岁及以上，%）	14.9	9.4	16.7	29.8	22.2	18.9	21.3	9.6
城镇化率（%）	65.2	52.6	83.1	92.0	77.6	84.4	81.5	56.9
初婚年龄（岁）	28.7	24.9	29.3	30.2	32.6	33.0	34.2	—
劳动人口平均受教育年限（年）	10.9	9.7	13.7	13.4	14.1	13.4	11.6	8.6
人均预期寿命（岁）	77.9	73.5	77.3	84.6	80.9	80.9	82.2	72.3
劳动参与率（15~64岁，%）	68.1	70.8	60.7	61.9	61.4	62.5	55.6	58.9

资料来源：国家统计局、世界银行数据库、OECD 家庭数据库、联合国教科文组织。
注：①主要发达国家数据主要是 2020 年和 2021 年数据；②中国劳动人口占比（15~64 岁）、劳动参与率（15~64 岁）、初婚年龄为 2021 年数据；③中国劳动人口平均受教育年限指的是 16~59 岁的人口平均受教育年限，其他主要发达国家是 25 岁及以上的人口平均受教育年限。

---

① 世界银行数据。

（六）人口素质呈持续提升态势

劳动力受教育水平持续提高，2022 年中国劳动年龄人口平均受教育年限达到 10.9 年，比 2012 年提高 1.2 年。2022 年，新增劳动力中有 55% 左右[①] 接受过高等教育、平均受教育年限达 14 年[②]，而退出劳动力市场的老年人平均受教育年限仅为 9.3 年。第七次全国人口普查数据显示，中国拥有大学文化程度的人口已超过 2.18 亿人（见专栏 Z3-3）。2021 年中国科研人才数量占全球比重为 23%，居全球第一位。人口健康状况持续改善，人均预期寿命由 2000 年的 71.4 岁提高到 2021 年的 78.2 岁[③]（见专栏 Z3-4）。

专栏 Z3-3　人口受教育情况变化

中国人口受教育程度不断提高，但总体仍有待提升，且城乡差异较大。从 2000 年至 2022 年，高中阶段（15~18 岁）毛入学率从 42.8% 增至 91.6%，高等教育阶段（18~22 岁）毛入学率从 12.5% 增至 59.6%（见图 Z3-3）。2022 年，全国具

---

① 《人口规模巨大的现代化建设之路——专访第十四届全国政协委员、中国人口与发展研究中心主任贺丹》，中央纪委国家监委网站，2023 年 7 月 17 日。

② 教育部召开新闻发布会介绍 2022 年全国教育事业发展基本情况，2023 年 3 月 23 日。

③ 习近平:《高举中国特色社会主义伟大旗帜　为全面建设社会主义现代化国家而团结奋斗——在中国共产党第二十次全国代表大会上的报告》，《人民日报》2022 年 10 月 26 日第 1 版；国家卫生健康委员会:《2021 年中国卫生健康事业发展统计公报》，2022 年 7 月 12 日。

有大学文化程度的人口超过 2.18 亿人。但城乡人口受教育水平差异很大，2020 年，农村 25~29 岁的人口中接受了本科及以上教育的占比仅为 8%，而城市这一比例则达到了近 30%。

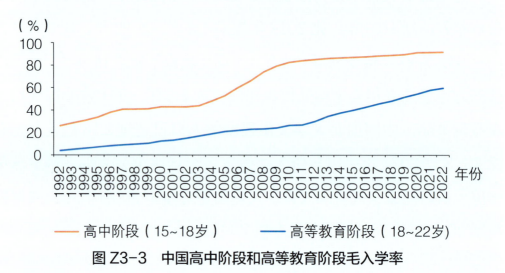

图 Z3-3　中国高中阶段和高等教育阶段毛入学率

资料来源：教育部。

专栏 Z3-4　人口健康情况变化

中国各群体健康状况持续改善，农村人口医疗健康状况改善尤其显著，但农村的健康水平仍低于城镇，而且老龄化带来的健康风险也日趋突出。人均预期寿命由 2000 年的 71.4 岁提高到 2021 年的 78.2 岁。全国婴儿死亡率从 2000 年的 32.2‰ 下降到 2021 年的 5.0‰，其中，城市婴儿死亡率下降到 3.2‰，农村婴儿死亡率下降到 5.8‰。全国孕产妇死亡率从 2000 年的 53/10 万下降为 2021 年的 16.1/10 万，下

降 69.6%，其中，城市孕产妇死亡率降至 15.4/10 万，下降
47.4%，农村孕产妇死亡率降至 16.5/10 万，下降 76.3%。不健
康且生活不能自理的老年人口占比，在最高龄组之外的各个
年龄组都有所下降。

资料来源：《中国卫生健康统计年鉴（2022）》，数据截至 2021 年。

二、人口发展新形势对经济社会的重大影响

习近平总书记指出，近年来中国人口发展出现了一些显著变化，既
面临人口众多的压力，又面临人口结构转变带来的挑战[①]。在人口总量仍
然较大的背景下，人口发展新形势对中国经济社会发展有正面影响，但
也可能造成负面影响，同时还存在不确定的影响，在变局中孕育着机遇。

（一）正面影响

1. 人口减少有利于相对减轻资源环境压力

从总量看，在人均资源环境消耗无大幅增长的情况下，根据近十
年规律初步测算，人口每减少 1000 万，将年均减少消耗 0.2 亿吨标
准煤全社会用能、3.2 亿吨生活用水、314 平方千米建设用地，减少排

---

① 《习近平：切实做好第七次全国人口普查工作 为高质量发展提供准确统计信息支持》，新华
社，2020 年 11 月 2 日。

放 146 万吨城市生活垃圾、0.6 亿吨废水、0.5 亿吨二氧化碳。特别是全社会用能、全社会碳排放、生活用能、生活用水对人口变化的弹性较大，将会出现较明显缓解。从分布看，人口更多流入发达地区，将促进规模效应和集聚效应发挥，提高资源配置效率，并促进栖息地等自然生态系统恢复。

2. 劳动力相对价格上升

人口减少和结构变化在中长期改变劳动市场供需格局，推动劳动力议价能力增强，提高劳动力相对价格和工资水平，从而有利于改善收入分配。同时，还能够激励个人增加教育、健康等人力资本投入，在长期进一步提高收入水平。在宏观上，也有利于改变中国当前初次分配中劳动者报酬占 51.7%[①] 的偏低问题。

3. 劳动年龄人口减少有利于缓解就业压力

就业不充分是当前人口与经济的主要矛盾之一，劳动年龄人口减少和劳动力素质稳步提升将缓解就业压力。未来，新进入就业市场的青年减少，有利于推动青年失业率特别是大学毕业生失业率下降。劳动密集型产业的就业竞争缓解，也有利于促进农村转移人口就业更充分。

4. 人均发展绩效指标有望更快改善

现代化的本质是人的现代化，衡量国家现代化水平和人民富裕程度主要看人均水平。在总量发展水平保持稳步提升的情况下，人口减少将促进人均综合发展绩效更快提升。一是增加人均享有的基础设施和教育、医疗等公共服务资源，有利于促进起点公平。二是加速资本深化和提升全员劳动生产率。当前，中国人均资本仅有发达国家

---

① 根据中国人民银行 2021 年资金流量表（金融账户）测算。

的四成左右，劳动力减少将使每人匹配的生产资料增加，使人均资本水平更好满足生产需要。三是提高人均 GDP 水平。要实现经济总量 2035 年比 2020 年翻一番目标，中国 2023—2035 年 GDP 年均增速需达到 4.6%，人口减少将有利于人均 GDP 更早实现翻一番。

（二）负面影响

1. 劳动年龄人口减少及其结构变化可能影响劳动密集型产业

一是影响劳动密集型产业发展。近年来，制造、建筑、居民服务等行业持续面临招工难、招工贵问题，人口减少后相关问题可能更加凸显。二是劳动人口更新换代加剧就业结构性矛盾。据相关研究测算，近年来，城镇职工退休腾出的岗位中制造业、生活性服务业等占比超过 80%[①]，而新毕业大学生是新增农民工的 5.3 倍，许多年轻人不愿从事制造业或生活性服务业工作，但也难以找到其他理想工作，就业意愿与岗位需求不匹配矛盾有所上升，导致这些行业招工难和青年就业难问题并存。

2. 养老金支付压力有所加大

近几年，企业职工基本养老保险基金当期缴费收入低于支出，城乡居民和机关事业单位基本养老保险也需要财政补贴支撑，养老金支付压力较大。未来，中国 60 岁以上老年人口抚养比将从当前的 32% 进一步上升，在现有养老金制度下，养老金收支缺口将面临较大压力。

3. 局部出现人口分布失衡问题

一是部分地区人口出现收缩。2010—2020 年，中国有 150 个地级市出现人口减少（见专栏 Z3-5），减少超过 20% 的城市有 13 个，这些城市产业衰退、活力减弱，还存在负债率高、偿债能力弱

---

① 根据第七次全国人口普查数据测算。

的问题。二是农村地区老龄化突出。随着城镇化推进，农村地区人口持续流出，削弱农村发展潜力。同时，2020 年乡村人口 65 岁以上占比达 17.7%，比城镇高 6.6 个百分点，农村老龄化问题更突出。部分地区基础设施闲置和土地浪费情况也较多。

专栏 Z3-5　人口收缩城市面临发展难题

2010—2020 年，中国 150 个地级市出现人口收缩，共减少人口 3620 万人。特别是 95 个老工业城市中，有 60 个人口下降，共减少人口 1649 万人。人口收缩城市呈现老龄化、少子化、劳动年龄人口下降等特征。如果人口进一步减少，有可能引起传统产业衰退、财政收入减少、债务偿还压力增大、养老金可持续性风险，以及公共服务质量降低、人口进一步外流等一系列经济社会发展问题。

资料来源：第六、第七次全国人口普查数据。

4. 高龄、困难老人照料负担加重

人口减少趋势下，出生人口减少将加快老龄化，势必会放大"未富先老"挑战。照料特殊困难老人的负担将持续加重，当前中国一人户老人超过 3000 万人，失能、半失能老人超过 4000 万人，到 2050 年可能超过 1.2 亿人，照料困难和相关风险增多，甚至还可能出现临终无人陪伴、去世多时无人知晓等冲击社会伦理的风险。养老服务体系建设、适老化改造与快速增加的老龄社会需求之间的矛盾加剧。国

内老年宜居环境建设不足，老年医疗卫生服务机构、康复医院、养老院、居家养老机构等养老服务机构缺乏，相关人才储备明显不足。

（三）不确定的影响

面对人口总量减少和结构变化，社会上对中国人口变化与经济增长、创新活力、产业发展等问题的关系进行了广泛讨论。从理论和实践看，人口总量减少和结构变化对这几个重要问题的影响方向并不必然。

1. 人口减少不必然导致经济增速下降

从国际经验看，在人口过千万的中高收入国家中，有 17 个出现过人口负增长，但其中只有 6 个国家的 GDP 增速在其人口首次负增长之后 5 年均值低于之前 5 年均值。从供给看，劳动力只是生产函数中的一个要素，资本、技术、制度等对劳动力存在替代作用。人口减少和老龄化会减少劳动力数量，拉低经济增速，但劳动力稀缺性增加又将提高劳动力配置效率，加快机器替人，刺激人力资本投入，推动技术进步，从而提高生产效率和全要素生产率。从需求看，人口减少将降低住房、出行等需求，但老龄化也将增加医疗、养老等需求，人均收入提高同样会促进消费升级。人口是个长期慢变量，边际变化短期不会带来数量级的减少，规模效应这个中国当前最突出的竞争优势不会改变，仍是中国经济增长的重要支撑。

2. 人口变化与创新活力没有直接必然联系

人口是影响创新的众多因素之一。年轻人接受新事物、推动知识扩散相对老年人具有优势，但整个社会的创新与人口规模和年龄结构没有必然联系，而是与人才体系、研发投入和转化效率等制度因素紧密相关。

过去中国人口快速增长时，创新能力在全球并不突出，而近十年来，中国在劳动年龄人口持续下降的同时，全球创新排名大幅上升到了第 11 位。2010—2020 年，劳动年龄人口中的大专及以上受教育程度人口占比从 12.1% 提高到 23.2%。按照 OECD 标准，当前中国科技人力资源总量约为美国的 1.3 倍、印度的 5.5 倍。未来十年，中国每年还将新毕业 1100 万大专及以上学历的高素质劳动力。中国市场规模大、产业链长，有利于技术创新的产业化。如果能够抓住新一轮技术变革机遇，优化创新的体制机制，发挥好低成本科技人才优势，将能够持续有效推动创新。

3. 人口变化不必然影响中国全球产业链分工位势

产业竞争力是规模效应、要素禀赋等因素综合作用的结果。中国劳动力减少和工资上涨，短期内将削弱劳动密集型产业竞争优势，甚至可能出现一部分相关企业外迁，如果接续产业未跟上，可能导致国内生产要素闲置，制约增长潜力。相反，劳动力成本变化也可能倒逼国内产业升级，并推动国内企业在全球范围内优化布局。如果能够有序推动低端代工产业和劳动密集型加工制造环节外迁，同时在国内保留核心环节和关键配套，并培育出高水平接续产业，将促进中国产业竞争优势升级，推动迈向价值链中高端。

三、应对人口变化的国际经验

主要发达国家应对人口变化及影响，从多角度采取了一系列措施，既包括直接的人口政策，也包括经济、社会、创新、移民等综合性配套政策。

（一）生育支持政策

1. 提供现金补贴和税收减免

主要发达国家在育儿补贴上已有较为成熟的做法。在现金补贴方面，德国政策规定，按照家庭子女数量进行育儿补贴，具体做法为每个家庭每个孩子每月 100 欧元；丹麦、瑞典等国对新生儿家庭给予相当于人民币 2000~6000 元的一次性母亲奖励；日本政府根据家庭收入的不同，对 3 岁以下和 3~15 岁的儿童给予每月折合人民币 600~912 元的差异性补贴。在税收减免方面，美国自 1997 年开始实施每个家庭新增一个孩子可以减免 400 美元的税额；西班牙自 2003 年起实施阶梯性税收优惠激励政策，对一个家庭的一孩、二孩、三孩、四孩的免税额度分别为 1400 欧元、1500 欧元、2200 欧元、2300 欧元。

2. 加大托幼服务产品供给

从国际经验看，经济支持的效果比较有限且边际效用递减，相比之下，服务类政策更有效，特别是高质量的儿童照料类服务，对生育有积极效果。瑞典政府以公共财政支出承担了育儿家庭 80% 的托幼费用，积极组建公立育儿机构，号召企业、各大社会组织机构建立托儿所，同时成立临时托儿所等机构用以满足家庭灵活的托幼需求。日本政府拥有完善的托幼体系，其中包括 0~3 岁儿童的保育园、3~6 岁的幼稚园，以及将儿童和保育相结合的儿童院，此外还有儿童课后服务、短期照料支持服务和支援设施。新加坡政府成立社会和家庭发展部幼儿培育署，统筹监管儿童幼托服务工作。

3. 加强妇女权益保护

家庭生育的主要困难可能是妇女工作和家庭的冲突。一是提升妇女生活保障水平。围绕预期的生育率目标，通过直接干预的手段保护女性权益。比如，韩国政府出台《职业中断女性再就业促进法》，为因生育而职业中断女性的职业培训和再就业提供了保障。二是鼓励生育男女共同休产假，减轻妇女育儿压力。法国实施家庭育儿假期制度，目标在于确保父母双方分担育儿责任。规定可以将一孩家长的休假时间延长到一年，条件是后半年的假期必须由此前未休假的孩子家长享有；从第二个孩子开始，三年的育儿假不变，条件是其中有六个月是另一位未休假的家长享有，否则假期将缩短到两年半。

（二）人力资本提升政策

1. 提高教育水平

一是持续提高基础教育和高等教育普及率。比如，美国和德国均率先建立并持续完善基础教育和高等教育制度，两国的人均受教育年限和科技水平均位居世界前列。二是重点加强产学研结合。比如，美国加强科学、技术、工程、数学（STEM）人才培养和产业人才技能培训，鼓励产业部门和学术部门开展合作，建立区域技术中心，将人才培训与关键技术创新岗位和商业机会紧密联系。三是大力建设高等教育强国。世界人才强国无一例外都是高等教育强国，普遍实施大力度财政支持政策，同时鼓励企业资助高等教育，加强与国际优秀大学合作。四是开发成人高等教育，特别是应对技术快速进步的技能培训。比如，法国建设了较为完备的系统终身教育机制。五是持续推进教育与科技一体化发展。比如，俄罗斯通过试点先行、有序推进的方式累计选拔认证了 15 个世界级科学与教育中心；法国实施为学生全面配备可移动数字化学习设备计划，推进基础设施建设与提升信息化教育装备水平。

2. 加大科技研发人才投入

各国政府通过各类政策鼓励企业开展技术和人才创新。财政补贴方面，法国政府对中小企业实行研究人员聘用补贴和技术咨询补贴。金融方面，德国政府为企业创新活动提供最高可达总投资 60% 的中长期信贷支持。税收优惠方面，主要是降低营业税、增值税、企业所得税、利润税等税率，提高营业税、所得税等征收起点。政府采购方面，美国政府采购政策注重扶持新兴企业的技术研发以及鼓励其参与国家重大科技创新计划。

3. 引进全球科技人才

多国将国际人才引进作为国家人才发展战略的重要手段。如美国的"人才优先"战略，发布旨在加强美国对全球高科技人才吸引力的联邦跨机构行动计划，对相关人才移民申请豁免条款进行修订。如英国的"全球人才"战略，不限国籍制定择优录取制度，向全球优秀研究者发放政府研究资金，增加对创业者的支持。如德国的"技术强国"战略，增加技术人才流动便利性，开展语言培训、职业资格互认等移民服务。

（三）积极应对老龄化政策

1. 构建多支柱养老金制度

主要发达国家在发展过程中已经构建了比较完善的由政府、企业和职工共同分担的多支柱养老金体系。世界银行作为养老金制度改革的引领者，在 2005 年提出了养老金体系"五支柱"的制度构想，其中，零支柱为国家提供最低水平保障的非缴费型养老金，第一支柱为政府财政支付的养老保险金，第二支柱为企业及个人的强制性养老保险金，第三支柱为个人自愿性参加的商业投资、理财、储蓄，第四支柱为家庭内部或代际间的资金或非资金支持。构建多支柱养老金制度已成为发达国家的普遍做法。

2. 推进机构养老向居家养老转变

近几十年来，主要发达国家均从机构养老向居家养老转变。日本政府在居家养老服务体系中承担资金补贴、规则制定和监督工作，更加注重发挥社区对于居家养老的作用，包括打造"30 分钟养老护理社区"，推行小规模多功能型居家养老护理和上门护理服务等。德国政府投资兴办公寓，推行"多代屋"互助养老方式，不同代际的人在公寓中互相帮助，老年人得到照料，同时给年轻人传授工作经验或帮助照看孩子。澳大利亚优化医疗体系，支持医院和社区之间的专业服务延伸过渡，增强慢性病老年人的转移协调，帮助出院老年人回归家庭。

3. 整合医、康、护、养发展综合照护

发达国家出台了各种措施对相关资源进行整合，包括加强医疗人员与社会照护工作人员之间的合作，采用一站式服务，实行跨学科评估方式，整合住房与照护资源等。从各国实施情况看，多领域多学科专业人员整合、跨专业服务管理、共享评估信息、整合化住宅等措施效果较好。

4. 分类分步延迟法定退休年龄

从国际上看，延迟退休年龄是世界各国应对人口老龄化的普遍做

法，多数发达国家都分类分步不同程度延迟了退休年龄，并将延迟时间长短与养老金领取比例挂钩，发挥激励作用。比如，美国的主要做法为，根据不同出生时间，设定不同的正常退休年龄；同时规定，在正常退休年龄退休的人可领取全额退休金，之后退休金将按推迟时间的比例相应增加。英国的主要做法是，使用 10 年时间将女性退休年龄与男性追平，之后进一步延迟无论男女领取养老金的年龄。德国的主要做法是，使用 18 年时间将退休年龄推迟 2 岁，同时制定了已经缴费 45 年的人群不受此政策限制等过渡性措施，并对整个改革设定了 20 余年的缓冲期和窗口观察期。此外，日本、瑞典、意大利和西班牙也推出类似的政策，推迟了退休年龄。

5. 开展老年友好型城市改造建设

世界卫生组织界定，老年友好型城市以促成积极老龄化为目标，通过不断减少城市中人们在老龄化过程中遇到的各种物质与非物质障碍，强化老年人群身心健康与社会参与，提高生活质量。涵盖八方面建设内容：户外空间和建筑、交通、住房、社会参与、尊重与社会包容、公众参与和就业、交流与信息、社区支持与卫生保健服务。

四、实现中国人口高质量发展的应对战略与政策建议

全面建设社会主义现代化国家面临新的人口形势。围绕人口变化及其影响，建议实施五方面政策举措，突出数量挖潜与素质提升结合、技术进步与制度创新结合、分布优化与资源环境持续改善结合，

创造条件于变局中开新局，充分发挥人口减少的正面影响，降低负面影响，创造条件将不确定的影响转化为正面影响，推动实现人口数量红利向人口素质红利的有效转换，以人口高质量发展支撑中国式现代化。

（一）延续人口数量红利

当前和今后相当长一个时期，中国人口和劳动力规模仍然巨大，进一步充分释放人口数量潜力，是缓解人口减少负面影响、延续人口数量红利的最直接有效战略。

1. 推动实现充分就业

中国仍具备大量有潜力的就业人口，尽可能提高劳动年龄人口参与劳动的比率、降低失业率，可有效对冲劳动年龄人口减少，加快培育劳动力市场制度体系，优化就业环境和服务，加强劳动保护，针对女性、中高龄农民工、长期失业后退出劳动市场人员等群体精准施策，减少劳动力求职和自由流动的障碍，充分提高和释放就业意愿。

2. 加快推动农业人口转移和市民化进程

一是农业劳动力转入非农产业。过去十年，中国年均转移农业劳动力850万人，未来十年，预计每年仍有数百万规模具有转移潜力的劳动力。二是农村户籍大学生进城。未来十年，每年还将有100万新毕业的农村户籍大学生留在城市。三是推动农村闲置劳动力就业。农村还存在大量季节性失业、技能不匹配的闲置劳动力，可通过有针对性开展培训、以工代赈等方式，推动这部分人群就近进城务工。同时，中国还有 2.96 亿农民工，可进一步放宽落户条件，完善城乡间医疗、养老等社会保障转移接续政策，支持子女平等入学入托，来推动农民工及随迁家人市民化，进而提高其就业稳定性和劳动生产率。

3. 满足和尽可能实现合理生育意愿

参考各国政策经验，支持生育要重点开展服务支持类政策，同时配套部分有效的经济支持类政策。大力兴办婴幼儿托育机构，提高幼儿园供给的便利性和普惠性。探索住房政策向多孩家庭倾斜。加强时间支持，规范设置和全面落实生育假期，落实政府、用人单位、个人等多方责任。研究对多孩家庭实行累进制财政补贴。完善和落实财政、税收、保险、教育、住房、就业等积极生育支持措施。将辅助生殖治疗费用纳入医保。加强文化支持，倡导尊重生育的社会价值，重视家庭建设，推进婚俗改革，建设生育友好型社会。

（二）提升人口素质红利

中国人口素质提高快、潜力大，促进人口素质转化为发展红利，是未来中国人口高质量发展的主要战略基点。

1. 提高人均受教育年限

当前中国劳动年龄人口平均受教育年限为 10.9 年，主要发达国家平均为 13.2 年，需要加大政策力度，进一步推动人均受教育年限较快提升。党的二十大报告指出，培养造就大批德才兼备的高素质人才，是国家和民族长远发展大计。把建设教育强国作为推动人口高质量发展的战略工程。加强 0~3 岁儿童早期干预，建设婴幼儿早期教育公共服务体系。强化义务教育教材选编和教师培养，通过远程教育方式推行高水平标准化课程。条件成熟时增加义务教育年限，向学前和高中阶段延伸。优化教育结构，提高人才培养与经济社会高质量发展的契合度。吸引国际高水平理工农医类大学来华办学。培养拔尖创新人才，加快建设世界重要人才中心和创新高地。

2. 建设终身职业技能培训体系

建立从劳动预备到创业就业转岗升职全过程的终身培训体系。优化学校学科设置，鼓励校企联合培养。建设公共实训基地和线上培训平台。加强对人工智能等新一代通用技术的培训，强化数字化赋能，建设学习型社会。建立覆盖全生命周期的人力资本投资和公共服务保障机制。

3. 着力提高健康水平

中国人均预期寿命已达到 78.2 岁，但健康水平还需进一步提升，着力提高健康预期寿命。深入实施妇幼健康促进行动，保障儿童健康成长。通过加强重大慢性病健康管理等提升人口健康素质。深入开展健康中国行动，全方位全周期保障人民健康。

（三）推动技术进步对冲人口变化负面影响

技术进步速度在一定程度上决定了国家发展的边界，加快技术进步可以有效对冲人口减少和结构变化的负面影响。

1. 加快人工智能和机器替人发展

对企业开展劳动力节约型技术创新进行研发补贴和税收减免。加快无人驾驶、无人工厂等在特定区域率先试点。支持发展能够大量节约劳动力的"大模型＋"等技术。建立对新业态的敏捷监管机制，及时科学出台行业规范进行发展指引，发挥数字企业的创新引领作用。

2. 以新技术推广应用提高投入产出效率

加大制造业技术改造补贴和减税力度，鼓励企业进行新技术设备更新投资。加快新技术推广和经验扩散，提高单位劳动产出效率，减轻经济增长对劳动力要素的依赖。发挥龙头企业带动作用，推动数字化、物联网等技术沿产业链供应链扩散，全面提高要素组合效率。

（四）优化空间布局与资源配置

人口分布与资源匹配是个动态过程，节约集约利用人口减少后的闲置腾退资源，是发挥人口减少正面影响的重要途径。

1. 推动人口收缩城市减量化发展

通过合并行政区、撤街设镇，提升人口收缩城市公共服务和基础设施利用率。合理压缩人口收缩城市的基本建设支出和"三公"经费。实行差别化的城市建设用地指标管理。设立人口收缩城市转型发展基金。稳妥处置相关地区政府性债务风险。

2. 促进资源高效节约集约利用

适应人口流动新要求，优化区域经济布局，完善人员编制、土地供应、财政转移、公共服务与人口增减挂钩机制。严格土地规划管控。统筹推进农村"三块地"改革。推动乡村全域土地综合整治，增强农业生产功能和生态功能。推广利用资源节约型技术和模式。根据人口变化及时调整资源领域重大工程的规划设计方案。抓住人口减量发展蕴含的新机遇，推进环境保护和生态建设，加强生态环境修复工作。

（五）积极应对人口老龄化

顺应人口老龄化、高龄化加重趋势，提升养老保障安全，构建老龄社会新发展模式。

1. 全面加强养老服务体系建设

实施积极应对人口老龄化国家战略，发展养老事业和养老产业，优化孤寡老人服务，推动实现全体老年人享有基本养老服务。支持养老资源重点向社区和群众身边聚集，加快构建居家社区机构相协调、医养康养相结合的养老服务体系。加快推进基本养老保险全国统筹，统一全国缴费基数和费率标准，提高地区间公平性。适当降低名义缴费率，提高实际缴费效率。继续划转部分国有资本充实社保基金。深化社会保险制度改革，加快发展多层次、多支柱养老保险体系，扩大第二、第三支柱覆盖面，增加全社会养老财富储备。

2. 积极发掘老年人力资本

从现在到 2035 年，每年平均有 1 亿的 60~64 岁年轻段老年人，其中，七成处于健康状态，部分有意愿有条件继续参加工作。在深入研究延迟退休政策及影响的基础上，采取小步调整、弹性推进的方式启动延迟退休，针对劳动者意愿和健康条件、行业和岗位特点分类设定退休年龄。合理设置过渡期，研究激励机制，同步全面细化完善老年人再就业和权益保障的相关法律法规。

3. 大力培育银发经济

推动智慧、健康、养老相结合的新技术研发应用。推动老年康复器具、老年用药、养老机构、老年地产、居家服务、适老化改造等领域产品和服务开发。尽可能促进老龄化过程中快速增长的老年需求与有效供给自我循环起来。进一步明确"事业"与"产业"发展边界，加快商业化老年服务产业发展，完善相关金融配套和行业监管。

附录 中国发展关键指标

	指标	2018 年	2019 年	2020 年	2021 年	2022 年
总体发展	年末总人口（万人）	140541	141008	141212	141260	141175
	国内生产总值（亿元）	919281.1	986515.2	1013567.0	1149237.0	1210207.2
	第一产业	64745.2	70473.6	78030.9	83216.5	88345.1
	第二产业	364835.2	380670.6	383562.4	451544.1	483164.5
	第三产业	489700.8	535371.0	551973.7	614476.4	638697.6
	国内生产总值增速（%）	6.7	6.0	2.2	8.4	3.0
	全社会固定资产投资（亿元）	456981	480393	493208	517133	542366
	社会消费品零售总额（亿元）	377783.1	408017.2	391980.6	440823.2	439732.5
	居民消费价格指数（上年 =100）	102.1	102.9	102.5	100.9	102.0
	城镇调查失业率（%）	4.9	5.2	5.2	5.1	5.5
	全国居民人均可支配收入（元）	28228.0	30732.8	32188.8	35128.1	36883.3
	全国一般公共预算收入（亿元）	183359.8	190390.1	182913.9	202554.6	203649.3
	全国一般公共预算支出（亿元）	220904.1	238858.4	245679.0	245673.0	260552.1

	指标	2018 年	2019 年	2020 年	2021 年	2022 年
总体发展	货币和准货币（M2）供应量（亿元）	1826744.2	1986488.8	2186795.9	2382899.6	2664320.8
	粮食产量（万吨）	65789.2	66384.3	66949.2	68284.7	68652.8
	一次能源生产总量（万吨标准煤）	378859	397317	407295	427115	466000
创新发展	全社会研发经费投入占GDP 比重（%）	2.19	2.23	2.40	2.43	2.54
	基础研究经费投入（亿元）	1090.4	1335.6	1467.0	1817.0	2023.5
	基础研究经费投入占研发经费投入比重（%）	5.54	6.03	6.01	6.50	6.57
	高技术制造业增加值占规模以上工业增加值的比重（%）	13.9	14.4	15.1	15.1	15.5
	发明专利申请数（万项）	154.2	140.0	149.7	158.6	161.9
	高被引论文数（万篇）	2.48	3.08	3.72	4.29	4.99
协调发展	地区生产总值（亿元）					
	东部地区	476378.3	509770.4	525549.8	595879.1	622018.3
	中部地区	200973.1	217515.3	220485.6	249139.5	266512.7
	西部地区	189155.3	204908.3	213001.3	241872.9	256985.0
	东北地区	47610.8	50126.5	50900.8	55591.5	57946.3

	指标	2018 年	2019 年	2020 年	2021 年	2022 年
协调发展	常住人口城镇化率（%）	61.50	62.71	63.89	64.72	65.22
	城乡居民人均可支配收入（元）					
	城镇	39250.8	42358.8	43833.8	47411.9	49282.9
	农村	14617.0	16020.7	17131.5	18930.9	20132.8
	城乡居民人均消费支出（元）					
	城镇	26112.3	28063.4	27007.4	30307.2	30390.8
	农村	12124.3	13327.7	13713.4	15915.6	16632.1
	城乡居民恩格尔系数（%）					
	城镇	27.7	27.6	29.2	28.6	29.5
	农村	30.1	30.0	32.7	32.7	33.0
	规模以上文化及相关产业企业营业收入（亿元）	89257	86624	98514	119064	121805
	公共图书馆业机构（个）	3176	3196	3212	3215	3303
绿色发展	万元 GDP 能源消耗同比降低（%）	3.1	2.6	0.1	2.7	0.1
	万元 GDP 二氧化碳排放同比降低（%）	4.0	4.1	1.0	3.8	0.8
	一次电力及其他能源占能源消费总量的比重（%）	14.5	15.3	15.9	16.7	17.5

续表

	指标	2018 年	2019 年	2020 年	2021 年	2022 年
绿色发展	清洁能源消费量占能源消费总量的比重（％）	22.1	23.3	24.3	25.5	25.9
	并网风电装机容量（万千瓦）	18426	21005	28153	32848	36544
	并网太阳能发电装机容量（万千瓦）	17463	20468	25343	30656	39261
	细颗粒物（$PM_{2.5}$）年均浓度（微克 / 立方米）	39	36	33	30	29
	地级及以上城市空气质量优良天数比例（％）	79.3	82.0	87.0	87.5	86.5
	地表水达到或好于Ⅲ类水体比例（％）	71.0	74.9	83.4	84.9	87.9
	森林覆盖率（％）	21.63	22.96	23.04	23.04	24.02
开放发展	货物进出口总额（万亿元）	30.5	31.6	32.2	38.7	41.8
	出口	16.4	17.2	17.9	21.4	23.7
	进口	14.1	14.3	14.3	17.3	18.1
	服务进出口总额（万亿元）	5.2	5.4	4.6	5.3	6.0
	出口	1.8	2.0	1.9	2.5	2.9
	进口	3.5	3.5	2.6	2.8	3.1

续表

	指标	2018 年	2019 年	2020 年	2021 年	2022 年
开放发展	外商直接投资实际使用额（亿美元）	1383.1	1412.2	1493.4	1809.6	1891.3
	对外直接投资（亿美元）	1430.4	1369.1	1537.1	1788.2	1631.2
共享发展	全年城镇新增就业（万人）	1361	1352	1186	1269	1206
	城镇职工基本养老保险参保人数（万人）	41901.6	43487.9	45621.1	48074.0	50355.0
	城乡居民养老社会保险参保人数（万人）	52391.7	53266.0	54243.8	54797.4	54952.3
	执业（助理）医师数（万人）	360.7	386.7	408.6	428.8	443.5
	婴儿死亡率（‰）	6.1	5.6	5.4	5.0	4.9
	学前教育毛入园率（%）	81.7	83.4	85.2	88.1	89.7
	九年义务教育巩固率（%）	94.2	94.8	95.2	95.4	95.5
	高中阶段教育毛入学率（%）	88.8	89.5	91.2	91.4	91.6
	高等教育毛入学率（%）	48.1	51.6	54.4	57.8	59.6

资料来源：工业和信息化部、商务部、国家卫生健康委员会、海关总署、国家统计局、国家外汇管理局、2018—2022 年《国民经济和社会发展统计公报》、2018—2022 年《全国教育事业发展统计公报》、2018—2022 年《全国科技经费投入统计公报》、2018—2022 年《中国生态环境状况公报》、2022 年《中国国土绿化状况公报》、2022 年《中国外资统计公报》、2018—2021 年《中国对外直接投资统计公报》、2018—2023 年《中国统计年鉴》、2023 年《中国统计摘要》、2018—2021 年《中国卫生健康统计年鉴》、2018—2022 年《中国科技论文统计报告》、联合国贸易和发展会议。

参考文献

［1］丁怡婷.全国累计建成绿色建筑面积超百亿平方米［N］.人民日报，2023-06-26（10）.

［2］习近平.习近平谈治国理政［M］.北京：外文出版社，2014.

［3］习近平.习近平谈治国理政（第二卷）［M］.北京：外文出版社，2017.

［4］习近平.习近平谈治国理政（第三卷）［M］.北京：外文出版社，2020.

［5］习近平.习近平谈治国理政（第四卷）［M］.北京：外文出版社，2022.

［6］习近平.习近平著作选读（第一卷）［M］.北京：人民出版社，2023.

［7］习近平.习近平著作选读（第二卷）［M］.北京：人民出版社，2023.

［8］习近平.中国式现代化是中国共产党领导的社会主义现代化［J］.求是，2023（11）：4-7.

［9］习近平.正确认识和把握我国发展重大理论和实践问题［J］.求是，2022（10）：4-9.

［10］习近平.在纪念马克思诞辰200周年大会上的讲话［N］.人民日报，2018-05-05（2）.

［11］习近平.论把握新发展阶段、贯彻新发展理念、构建新发展格局［M］.北京：中央文献出版社，2021.

［12］习近平.论坚持人与自然和谐共生［M］.北京：中央文献出版社，2022.

［13］习近平.论科技自立自强［M］.北京：中央文献出版社，2023.

［14］习近平.论"三农"工作［M］.北京：中央文献出版社，2022.

［15］习近平.努力建设人与自然和谐共生的现代化［J］.求是，2022（11）：4-10.

［16］习近平.构建高质量伙伴关系 共创全球发展新时代——在全球发展高层对话会上的讲话［N］.人民日报，2022-06-25（2）.

［17］习近平.高举中国特色社会主义伟大旗帜 为全面建设社会主义现代化国家而

团结奋斗——在中国共产党第二十次全国代表大会上的报告［N］. 人民日报，2022-10-26（1）.

［18］习近平. 深入理解新发展理念［J］. 求是，2019（10）：4-16.

［19］习近平. 携手同行现代化之路——在中国共产党与世界政党高层对话会上的主旨讲话［N］. 人民日报，2023-03-16（2）.

［20］习近平主持召开二十届中央财经委员会第一次会议强调 加快建设以实体经济为支撑的现代化产业体系 以人口高质量发展支撑中国式现代化 李强蔡奇丁薛祥出席［J］. 旗帜，2023（5）：7 8.

［21］习近平在学习贯彻党的二十大精神研讨班开班式上发表重要讲话强调 正确理解和大力推进中国式现代化［N］. 人民日报，2023-02-08（1）.

［22］马克思，恩格斯. 共产党宣言［M］. 北京：人民出版社，2014.

［23］马建堂. 中国生态文明建设：伟大思想引领伟大实践［M］. 北京：中国发展出版社，2022.

［24］马晓河. 美国经济崛起过程中的城市化及对中国的启示［J］. 经济纵横，2020（1）：43-49+2.

［25］王云松. 倡导共同发展 展现大国担当［N］. 人民日报，2022-11-18（2）.

［26］王文涛. 以党的二十大精神为指引 推进高水平对外开放［J］. 求是，2023（02）：23-28.

［27］中共中央宣传部. 习近平新时代中国特色社会主义思想学习纲要［M］. 北京：学习出版社，人民出版社，2023.

［28］中共中央宣传部，中华人民共和国生态环境部. 习近平生态文明思想学习纲要［M］. 北京：学习出版社，人民出版社，2022.

［29］中华人民共和国商务部，国家统计局，国家外汇管理局. 2021年度中国对外直接投资统计公报［M］. 北京：中国商务出版社，2022.

［30］中华人民共和国商务部，国家统计局，国家外汇管理局. 2022年度中国对外直接投资统计公报［M］. 北京：中国商务出版社，2023.

［31］中国人民银行. 2022年人民币国际化报告［R］. 2022-09-23.

［32］中国农业科学院，中国农业绿色发展研究会.中国农业绿色发展报告2022［R］.
2023-06-07.

［33］中国物资再生协会.中国再生资源回收行业发展报告（2023）［R］.2023-07-04.

［34］中国科学技术信息研究所.2022年中国科技论文统计报告［R］.2022-12-29.

［35］中能传媒能源安全新战略研究院.中国能源大数据报告（2023）［R］.2023-
06-02.

［36］《中共中央关于党的百年奋斗重大成就和历史经验的决议》辅导读本［M］.北京：
人民出版社，2021.

［37］水电水利规划设计总院.中国可再生能源发展报告2022［R］.2023-06-28.

［38］毛泽东.毛泽东文集（第六卷）［M］.北京：人民出版社，1999.

［39］毛泽东.毛泽东选集（第四卷）［M］.北京：人民出版社，1991.

［40］邓小平.邓小平文选（第二卷）［M］.2版.北京：人民出版社，1994.

［41］邓小平.邓小平文选（第三卷）［M］.北京：人民出版社，1993.

［42］世界知识产权组织.2022年全球创新指数报告［R］.2022-09-29.

［43］世界银行.中国国别气候与发展报告［R］.2022-10-12.

［44］加强科技开放合作 共同应对时代挑战［N］.人民日报，2021-09-26（1）.

［45］吉川洋.人口与日本经济［M］.北京：九州出版社，2017.

［46］在开放中创造机遇 在合作中破解难题——论习近平主席在第三届中国国际进口
博览会开幕式上主旨演讲［N］.人民日报，2020-11-06（1）.

［47］乔森纳·休斯，路易斯·凯恩.美国经济史（第7版）［M］.北京：北京大学出
版社，2011.

［48］刘国光，张卓元，董志凯，等.中国十个五年计划研究报告［M］.北京：人民出
版社，2006.

［49］李大钊.李大钊全集（第三卷）［M］.北京：人民出版社，2013.

［50］坚持党的领导传承红色基因扎根中国大地 走出一条建设中国特色世界一流大学
新路［N］.人民日报，2022-04-26（1）.

［51］张来明，侯永志.中国共产党现代化思想历程［J］.管理世界，2021，37（10）：

1-12+39+13.

[52] 陆昊.全面推动建设人与自然和谐共生的现代化［J］.求是，2022（11）：17-22.

[53] 欧盟中国商会.携手并进，共铸未来——中国企业在欧盟发展报告2022［R］.2022-09-30.

[54] 国务院研究室编写组.十四届全国人大一次会议《政府工作报告》辅导读本（2023）［M］.北京：人民出版社，2023.

[55] 国务院新闻办公室.《中国与世界贸易组织》白皮书［R］.2018-06-28.

[56] 国务院新闻办公室.《共建"一带一路"：构建人类命运共同体的重大实践》白皮书［R］.2023-10-10.

[57] 国务院新闻办公室.《新时代的中国绿色发展》白皮书［R］.2023-01-19.

[58] 国家发展和改革委员会就业收入分配和消费司，北京师范大学中国收入分配研究院.中国居民收入分配年度报告（2022）［M］.北京：社会科学文献出版社，2023.

[59] 国家知识产权局.2023年全球绿色低碳技术专利统计分析报告［R］.2023-05-31.

[60] 国家统计局.2022年农民工监测调查报告［R］.2023-04-28.

[61] 查尔斯·古德哈特.人口大逆转——老龄化、不平等与通胀［M］.北京：中信出版集团，2021.

[62] 莫荣.就业蓝皮书：中国就业发展报告（2022）［M］.北京：社会科学文献出版社，2022.

[63] 顾阳.绿色经济助电力企业走出去［N］.经济日报，2023-07-18（6）.

[64] 党的二十大报告辅导读本［M］.北京：人民出版社，2022.

[65] 党的十九大报告辅导读本［M］.北京：人民出版社，2017.

[66] 高德步.工业化与城市化的协调发展——英国经济史实例考察［J］.社会科学战线，1994（4）：48-52.

[67] 郭婷婷.在开放合作中加快建设现代化产业体系［N］.经济日报，2023-08-05（3）.

［68］商务部国际贸易经济合作研究院.中国与非洲经贸关系报告 2023［R］. 2023-06-29.

［69］商务部党组.新时代商务事业发展成就和经验启示［J］.旗帜，2022，（03）：33-35.

［70］最高人民法院环境资源司法研究中心"中国环境司法发展研究"课题组.中国环境司法发展报告（2022 年）［R］. 2023-06-05.

［71］微镜头·习近平总书记两会"下团组"［N］.人民日报，2022-03-07（1）.

［72］福克纳.美国经济史（下卷）［M］.北京：商务印书馆，2018.

［73］碳达峰碳中和工作领导小组办公室.碳达峰碳中和政策汇编［M］.北京：中国计划出版社，2023.

［74］Air Quality Life Index（AQLI）. From "Airpocalypse" to Olympic Blue：China's Air Quality Transformation［R］. February 22，2022.

［75］IEA. Global EV Outlook 2023［R］. April 26，2023.

［76］UNCTAD. World Investment Report 2022［M］. United Nations，2022.

［77］UNCTAD. World Investment Report 2023［M］. United Nations，2023.

后　记

　　国务院发展研究中心从 2023 年开始推出年度《中国发展报告》，以记录中国式现代化进程中所形成的思想成果、制度成果、实践成果，并收录关于中国发展重大问题的若干研究成果。

　　《中国发展报告》汇聚了国务院发展研究中心的集体智慧，代表着中心对中国发展的认识和思考。本书编委会多次深入讨论和认真研究报告的定位、框架、观点和内容，中心各研究部所和许多研究人员参与了报告的讨论和撰写工作。

　　第一章由发展战略和区域经济研究部牵头，产业经济研究部参与，侯永志、贾坤、钟震、刘小鸽、王訢、何建武、卓贤、杜君良、许召元、王淑莹等同志参与写作；第二章由创新发展研究部牵头，产业经济研究部参与，马名杰、王金照、戴建军、李燕、沈恒超、杨超、王明辉等同志参与写作；第三章由发展战略和区域经济研究部牵头，农村经济研究部参与，侯永志、何建武、杜君良、殷浩栋、施戍杰、王訢等同志参与写作；第四章由资源与环境政策研究所牵头，高世楫、王海芹、李维明、陈健鹏、李继峰、杨艳、黄俊勇等同志参与写作；第五章由对外经济研究部牵头，金融研究所参与，张琦、吴振宇、吕刚、赵福军、许宏强、宗芳宇、朱鸿鸣、陈红娜等同志参与写作，罗雨泽、高庆鹏等同志参与讨论修改；第六章由社会和文化发展研究部牵头，公共管理与人力资源研究所参与，李建伟、宋紫峰、张亮、佘宇、喻东、钱诚、刘胜兰、张佳慧、冯文猛等同志参与写作。

　　三项专题研究均是中心确定的重大研究课题，在中心主任、分管副主任直接领导和指导下完成。专题一由发展战略和区域经济研究部协调，侯永志、何建武、杜君良、施戍杰、江宇、贾珅、钟震、王訸等同志参与写作。专题二由宏观经济研究部协调，许伟、杨光普、李承健、雷潇雨、董倩、刘瑾钰、武士杰、卓贤、王訸、朱妮、王金照、许召元、张琦、吕刚、马名杰、熊鸿儒、高世楫、陈健鹏等同志参与写作。专题三由宏观经济研究部协调，许伟、雷潇雨、董倩、李承健、武士杰、卓贤、宋紫峰、张云华、李维明、张亮、冯文猛、王炳文等同志参与写作。

　　中心办公厅（人事局）、发展战略和区域经济研究部、宏观经济研究部、中国发展出版社为本书的出版作了协调、编辑等工作。

本书编委会

2023 年 11 月 10 日